# Lehen Urratsak

Bernardo Atxaga

*Liburu honek Eusko Jaurlaritzako Kultura Sailaren laguntza jaso du*

Azala eta liburuaren diseinua: Iturri

ISBN: 84-7568-798-9

Legezko Gordailua: BI-2442-98

INPRIMATZAILEA:

Grafman S.A. Gallarta (Bizkaia)

BAMBULOREN ISTORIO BAMBULOTARRAK

# Lehen Urratsak

## Bernardo Atxaga

Marrazkiak: Mikel Valverde

erein

## HITZAURREA, BAMBULOREN IDAZKARIAK BAMBULORI BURUZ IDATZIA.

Irakurle maitea: Bambulo gure zakurrak mundu honetan egin duen ibilera biribila izan da. Ez noski akatsik gabea izan delako, baizik eta bere hasiera eta bukaera berbera izan delako. Berak behin batean deklaratu zuen bezala: "Hiririk hiri eta liburutegiz liburutegi ibili naiz, mundu guztia korritu dut, eta dena zertarako? Ba, nire gazte garaian lurperatuta utzi nuen hezurrarekin topo egiteko". Egia handia.

Bere gazte garaian, Bilbon bizi zela, Bambulo izaki edo elementu ezezaguna zen erabat, eta kalean berarekin gurutzatzen zen jendeak betikoa pentsatzen zuen, "zein azkarra eta bizkorra ematen duen zakur horrek", edo "zein dotorea eta ausarta den", baina bene-benetako errealitatea usaindu gabe, egia jakin gabe: zakur hura garrantzi handiko izaki edo elementua zela, alegia, munduko gertaera gogoangarri guztietan parte hartutako sendi edota leinukoa.

Gero, berriz, bere bidaia eta azterketekin hasi eta bere arbasoei buruzko liburuak argitaratzeari ekin zionean, Bambulo atera egin zen egoera hartatik, tximista laino artetik bezala atera ere, izugarrizko arrakasta lortuz eta kalean pausorik eman ezin zuela gertatuz. Izan ere, den-denek ezagutzen zuten Bambulo, den-denek agurtu nahi zuten, den-denek eman nahi zizkioten zorionak. "Zorionak, Bambulo", esango zion batek, "oso ederra zure leinuko Bambulias hark Salomon erregeari erakutsi ziona". "Zorionak, Bambulo", esango zion besteak, "oso portaera ederra zure arbaso Bambulkok Daniel profetaren aurrean erakutsitakoa". "Zorionak, Bambulo", esango zion hirugarrenak, "Bambi bera ere tartekoa duzula esan digute".

Denboraren buruan, Bambulo nekatuta sentitu zen. Ospe hura guztia bizkarrean jarritako aingura bat bezalakoa zitzaion. Ez zuen hainbesteko zorionik behar. Ez zuen halako osperik behar. Eta gainera, Bambiren kontu hura zegoen. Berak ez zeukan zerikusirik Bambirekin. Bambi ez zen bere leinukoa. Zergatik galdetzen zioten hainbeste eta hainbestetan izaki edo elementu hari buruz? Bai, ainguraren zama gero eta zorrotzagoa zitzaion Bambulori, eta egun batean, ohetik jaiki eta bere bizkarrari begiratu bat eman zionean, urratua zeukala konturatu zen. "Hauxe da azkena", pentsatu zuen. "Joan daitezela haizea hartzera nire bidaia eta azterketak. Gera daitezela bakean Bambulio, Bambulus, Bambulko, Bambulias, Bambulides eta beste arbaso guztiak". Hitz batean esanda, Bambulok erretiratzea erabaki zuen, bizimoduz aldatzea, ospeari uko egitea. Eta bere hitz hura bete egin zuen. Erabat bete, gainera. Bete t´erdi.

Gaur egun —gogoratu arestian esandakoa, bere bizitza biribila izan dela— hasierako puntu berean dago Bambulo, eta lehen hartan gertatzen zitzaiona gertatzen zaio orain ere. Ez du

inork kalean bere paretik pasatzerakoan ezagutzen, ahaztu egin zaio jendeari nor den Bambulo: nor den, zer den eta zenbat den. "Zein azkarra eta bizkorra ematen duen zakur horrek", pentsatzen du jendeak bera ikustean, edo "zein dotorea eta ausarta den", baina bene-benetako errealitatea usaindu gabe.

Orain dela gutxi, pentsatzen jarri eta hala esan nion neure buruari: "Biribiltasun hau ez al da gehiegizkoa? Ez al du gure zakur maiteak beste zerbait merezi?" Segituan etorri zitzaidan erantzuna: "Bai, gehiegizkoa da, Bambulok beste zerbait merezi du". Horregatik liburu hau eta honen ondorenean etorriko direnak. Bambulo betiko ahaztu? Bambulio, Bambulus, Bambulko, Bambulias, Bambulides eta bere beste arbaso guztiak ahaztu? Hainbeste ikerketa eta bidaien fruitu biribila zimeltzen utzi? Ez! Inola ere ez! Ez eta ez! Ez dut nahi! Jendeak jakin egin behar du! Azken batean, horretarako dago jendea, ez dakiena ikasteko eta ahaztutakoa gogoratzeko!

Irakur itzazu, ba, irakurle, idazkari honek txukundu, kopiatu, aztertu, zuzendu, antolatu eta argitaratzeko prest utzi dituen Bambuloren kontu guztiak. Ez zara damutuko, nire ustez. Eta damutzen bazara, Bambuloren bizimoduarekin erabat aspertzen bazara, sinestu horren errua nirea dela, eta ez Bambulorena.

BAMBULOREN IDAZKARIAK

## BIGARREN HITZAURREA. NOLA LORTU NITUEN BAMBULOREN PAPER ETA DOKUMENTUAK.

Biribilaren biribiltasuna dela eta, Bilbon bizi da orain Bambulo, bere jaioterrian, eta hara joan nintzaion bisitan.

– Zer moduz bizi zara, Bambulo –galdetu nion aurrez aurre eseri ginenean.

– Arin, idazkari jauna, oso arin –erantzun zidan bere bizkarra seinalatuz. Ez, han ez zegoen aingurarik, ez zegoen ospearen zama edo urraturik.

– Zoriontsu, orduan? –esan nion.

– Izugarri zoriontsu, idazkari jauna. Horazio poeta handi hark esan zuen bezala, *beatus ille qui procul negotiis*, zorionekoa munduko arazoetatik urrun bizi dena. Gauza bera esan nezake nik ere. Hemendik aurrera, hala nahi baduzu behintzat, *Beatus Bambulo* deitu.

Nik ezetz egin nion buruarekin.

– Ezta pentsatu ere –erantzun nion–. Lehen ere nahikoa izen aldaketa izan dugu etxe honetan.

Berak harrituta begiratu zidan.

– Zer esan nahi duzu? –galdetu zuen jarraian.

– Ba, zure izena garai batean Markoni zela, eta ez Bambulo. Aldaketa handia izan zen hura, beste mila eragin zituena. Eta, jakina, guzti-guztiak nire bizkarrera etorri ziren. Esate baterako, begira zer lana, Markoni jartzen zuen toki guztietan Bambulo jarri behar izan nuen. Damutu ere egin nintzen zure idazkari izateaz –erantzun nion pittin bat zapuztuta.

–Egia, idazkari jauna, egia! –egin zuen berak hasperen–. Hasiera batean, Markoni nintzela uste nuen, eta izen horrekin sinatu nituen nire lehen liburuak. Baina halako batean egia jakin nuen, Markoni bigarrena zela, eta Bambulo berriz aurrenekoa. Horregatik aldatu nuen izena. Baina, zer den zoriontsu izatea! Zorionarekin ahaztu egiten dira gauza gehienak! Izen aldaketaren kontu hori behintzat erabat ahaztua neukan!

Zutitu egin nintzen orduan.

– Aizu, Bambulo... –hasi nintzen.

– Dei nazazu Beatus Bambulo Markoni –moztu zidan berak–. Pentsatzen jarrita, gustatu egiten zait.

Ez nion amore eman.

– Ez, Bambulo. Barkatu, baina Bambulo deituko zaitut

– Ba, askozaz ere gehiago gustatzen zait Beatus Bambulo Markoni –ekin zion berak. Zenbaitetan, oso kapritxosoa da.

– Begira, Bambulo –esan nion nik oso serio, bere komentarioari jaramonik egin gabe–. Zure idazkari bezala egoera larri baten berri eman nahi dizut.

– Zer gertaera da hori? Esaiozu Beatus Bambulo Markoniri, esaiozu mesedez –animatu ninduen berak.

– Gaur egun, erabateko ezezaguna zara, Bambulo. Inor ez da zurekin gogoratzen. Galdetu zure bidaiez, galdetu zure ikerketez, galdetu zure arbasoez, eta dena alferrik. Inork ez daki ezer. Eta nire ustez, gehiegizkoa da. Ondo dago lasai eta apartean bizitzea, baina egindako lan guztia harrika botatzea, berriro diot, gehiegizkoa da.

– Esaidazu, idazkari jauna, zenbat denbora daramazu zure idazkari soldata jaso gabe? Esaidazu mesedez, Beatus Bambulo Markoni honek jakin egin nahi du eta.

Gure zakur maitea kapritxosoa izango da, baina ez tontoa.

– Denbora asko –esan nion–, eta egia esaten badut estu samar nabil.

– Nola liteke hori! Munduko idazkari onenetakoa zara eta! –hotsegin zuen Bambulok.

– Ba, halaxe dira gauzak. Eta horregatik pentsatu dut pentsatu dudana. Eta ondo pentsatua dagoelakoan nago.

– Hitzegidazu garbiago. Ez lotsatia izan –eskatu zidan Bambulok.

– Zure bizitzaren historia kontatzea erabaki dut, zure biografia liburu batean edo liburu askotan azaltzea. Baina ni idazkaria naiz, kontinenteko idazkari onenetakoa hala nahi baduzu, eta ezinezkoa zait hola eta hola idazten hastea. Idazten hasteko dokumentuak behar ditut. Dokumenturik gabe ez naiz ezer. Horregatik etorri natzaizu bisitan, Bambulo. Zure dokumentuak behar ditudalako. Dituzun guztiak: gutunak, postalak, laneko koadernoak, behin batean argitaratu zenituen liburuak...

– Baina hori ezinezkoa da, idazkari jauna! –hotsegin zuen Bambulok belarriak tente- tente jarriz.

– Zergatik, Beatus Bambulo Markoni? –esan nion nik bere bihotza xamurtu nahian.

– Jendeak nor naizen eta zein arbaso izan ditudan jakiten badu, ospetsu egingo naiz berriro, eta ospe hori bizkarrean jarritako aingura bat bezala sentituko dut. Eta aingurak, jakina, bizkarra urratuko dit, eta zoriona kenduko dit, eta handik aurrera ez naiz Beatus izango, eta...

– Lasai, Beatus Bambulo Markoni. Lasai! –esan nion eskua bere bizkarrean jarriz.

– Lasai, nago. Izan ere, oso zakur lasaia naiz. Kontinenteko zakurrik lasaienetakoa, hain zuzen ere –esan zidan berak nire eskupetik aldeginez.

– Orduan, zer dugu? Zer esaten didazu? Noiz emango dizkidazu dokumentuak?

Bambulok joera serioa hartu zuen orduan. Pentsakor jarri zen, hausnarkor, dudakor. Beatus Bambulo Markoni *Kalkulator* iduri zuen une hartan.

– Begira, idazkari Jauna. Konprenitzekoa da zuk txanpon batzuk irabazi nahi izatea. Behar dituzulako nahi dituzu. Behar ez bazenitu ez zenituzke nahiko. Ados?

– Ados, Beatus Bambulo Markoni.

– Gauzak horrela, modu bat aurkitu beharra daukagu zuk txanpon horiek izan ditzazun. Ados?

– Ados, Beatus Bambulo Markoni.

– Ba, nik uste, badaukagula modu hori. Zatoz, zatoz nirekin idazkari jauna.

Bere etxeko gela batera eraman ninduen Bambulok. Bertan bitrina moduko bat zegoen mila *souvenir* eta bitxikeriarekin. Pisako dorrearen urre koloreko erreprodukzio ttiki batek hartzen zuen zerrendaren ertzetako bat; bestea, berriz, Mexikon erosia izan behar zuen marrazki azteka baten kopiak.

– Hona hemen nire altxorra. Kontinenteko altxorrik onenetakoa da ziurrenik –esan zuen gure txakurrak. Batzuetan ez da hain maitagarria. Gezurtia da batzuetan, eta besterik ez.

Nik ere joera serioa hartu nuen orduan. Pentsakor jarri nintzen, hausnarkor, dudakor. *Idazkari Txit Gogor* baten itxura erakutsi nion zakur maiteari. Izan ere, ikusia neukan Bambulok nahi zuena. Bere bitrinako *souvenir* eta bitxikeria denak eman nahi zizkidan haiekin konpon nendin. Bere bizitzako dokumentuen ordez, bidaia eta ibileretan erositako pitxi-pitxiak. Eta ez, hori ezin nuen onartu. Inola ere ez. Ez eta ez. Ezta pentsatu ere. Ez nuen halako trukerik nahi.

– Nik ez dut arraina behar. Nik kainabera behar dut –bota nuen.

– Zer esan nahi duzu, idazkari maitea? –esan zuen Bambulok bitrinatik Egiptoko piramide bat atera eta hari hautsa kenduz.

– Zuk altxor hau ematen badidazu, lortuko dut agian hortik barrena saltzea, txanpon batzuk irabaziko ditut agian. Baina, horrekin zer? Irabazitako txanpon horiek bukatu egingo zaizkit...

– Agian bai eta agian ez! –moztu ninduen Bambulok.

– Agian bai eta agian bai! –ekin nion benetan gogor–. Eta altxorra bukatutakoan, orain bezala egongo naiz, behartsu. Horregatik esaten dizut: ez didazula arraina eman behar, arraina jan eta bukatu egiten delako, baizik eta arrainak harrapatzeko kainabera. Hartara arrain bat edukiko dut egunero. Soldata koxkor bat, alegia!

Bambulo buru-astinduka hasi zen. Astinduaren poderioz, bere bi belarriek hots egin zuten, *plas-plas, plas-plas*.

– Kosta egiten zait adierazi nahi didazuna ulertzea, idazkari jauna –esan zidan. Oraingoan, medailoi bat zeukan eskuan, Murillo pintorearen haur musugorri bat babesten zuena. *Recuerdo del Museo del Prado* zioen medailoiaren etiketak.

– Ba, harritzen naiz. Zakur argia zinela uste nuen –bota nion.

– Eta halaxe da. Nire kontinenteko zakurrik argienetakoa naiz. Baina oso modu nahastuan ari zara gaurkoan, eta kosta egiten zait ulertzea.

Bambulo tinko ikusten nuen. Ez zuen amore eman nahi. Ez zuen bere biografia kalean ikusi nahi. Ez, ez zuen nahi. Ez eta ez. Ezta inola ere. Eta, jakina, ez zegoen bere dokumentuak niri uzteko prest. Ez. Ez zegoen. Ezta pentsatu ere. Eta alde batera konprenitzekoa zen, zeren bere bizitza kontatu ondoren, bere arbaso handien berri eman ondoren, agian ospea etorriko baitzitzaion berriro, eta ospe hura bizkarrean jarritako aingura bezala sentituko baitzuen, horrek ematen duen minarekin. Baina bestera, ni bere idazkaria nintzen, eta nik nire ideiak neuzkan, nire premiak, nire nahiak, eta kontrakoa pentsatzen nuen, Bambuloren liburuek kalean egon behar zutela. Eta horretarako bere dokumentuak behar nituen. Dokumenturik gabe ezin nuen ezer idatzi, zeren, lehenago ere aitortu dudan bezala, idazkariok horrelakoxeak gara, dokumenturik gabe hutsaren hurrengoa gara.

Pentsakor jarraitzen nuen, hausnarkor, dudakor. Idazkari Txit Gogor bat ematen nuen une hartan ere.

– Entzun egidazu, Bambilo. Lehenago, bisitaren hasieran, erabateko ezezaguna zarela esan dizut, gaur egun ez dagoela zure bidaia, ikerketa edota arbasoez gogoratzen denik. Baina egoera okerragoa da, Bambilo. Ez nizun hau kontatu nahi, Bambilo, baina zure egoskorkeriak behartu egin nau.

– Zer adierazi nahi didazu? –galdetu zidan berak sudurra

miz-miz mugituz. Ondotxo sumatzen zuen nire hitz haien atzean ezkutatzen zena. Izua antzematen zitzaion begietan.

– Esan beharra al daukat, Bambilo? –zirikatu nuen nik.

– Bai! –egin zuen oihu berak.

– Ba, ez da egia erabateko ezezaguna zarela. Jendeak badaki nor den Bambulo, edo Bambilo, hobeto esanda. Bere ustez behintzat badaki. Bambiren familiakoa zarela uste du.

– Kontu horrekin jarraitzen al dute oraindik! –esan zuen berak begiak tapatuz. Ez zuen halako nahasketarik nahi. Berak ez zeukan zerikusirik Bambirekin. Bambi Walt Disneyren filmetako pertsonaia zen, jauzi eta jauzi egiten zuena. Ez, ez zuen harekin nahas zezaten nahi. Ez eta ez. Ezta inola ere.

Zehatz eta mehatz adierazi nion egia zakur maitagarriari. Kalean inkesta bat egiten nuenero, "ba al duzue Bamburoren berririk?" galdetzen nuenero, alegia, den-denek zuzendu egiten nindutela, eta "ez da Bambulo, baizik eta Bambilo" adierazten zidatela. Ezetz, ez zela gezurra. Baietz, baietz, hura zela egia. Egia biribila, gainera. Bere bizitza bezain biribila.

– Erabat ahaztuta egongo bazina, gaitz erdi –bukatu nuen–. Baina ez da hori, Bambulo. Ez da hori, Beatus Bambulo Markoni.

Zakur maitagarria pentsakor, hausnarkor eta dudakor jarri zen. Hala eta guztiz ere, ez zuen Beatus Bambulo Markoni *Kalkulator* ematen, baizik eta Beatus Bambulo Markoni *Kezkator*. Handik gutxira, eskuan zeukan Murillo pintorearen medailoia bitrinara bihurtu eta etxeko ganbarara jarraitzeko eskatu zidan keinu batez.

Lehian irabazle nintzela konprenitu nuen. Liburuak idazteko behar nituen dokumentuak eskura jarriko zizkidala.

Ganbaran kartoizko kaxa besterik ez zegoen. Ehun bat kaxa zeuden han. Eta den-denak markatuta. "Gutunak eta postalak", "Artxiboetako paperak", "Txipanki dokumentuak", "Liburutegi zaharretan aurkitutakoak", "Berroeta, Buruaga eta Paradox liburuak"...horrelako oharrak azaltzen ziren kartoiari erantsitako orrietan. Izugarrizko poza hartu nuen hura ikustean. Bai, haiexek ziren nire liburuak idazteko behar nituen dokumentuak.

– Ikusiko duzu zein ondo kontatuko dudan zure bizitza. Bambi eta gainerakoen oso gainetik utziko zaitut! –esan nion.

– Hala izan dadila, Beatus *idazkarikus* –esan zidan berak. Eta arrazoiz esan ere. Oso *beatus* sentitzen nintzen, erabat zoriontsu. Nire lana egin ahal izango nuen, eta soldata bat irabazi modurik ondraduenean. Bestalde, Bambulori berea emango nion, sekula galdu behar ez zuen ospea. Bai, liburuak bidean zeuden. Bamburoren paperak txukundu, kopiatu, aztertu, zuzendu, antolatu eta argitaratzeko prest utziko nituen.

– Idazkari jauna –esan zidan Bambulok ganbaratik ateratzera gindoazenean–. Nik baimena ematen dizut, baina tratua itxi baino lehen gauza bat agindu behar didazu.

– Esaidazu Beatus Bambulo Markoni. Esaidazu lasai.

– Ni lasai nago. Izan ere, kontinenteko zakurrik lasaienetakoa naiz –ekin zion berak.

– Jakina, jakina –onartu nuen. Ez neukan eztabaidatzen hasteko gogorik. Are eta gutxiago une garrantzitsu hartan.

– Ba, aingura bion artean eramango dugula. Nire bizitzako gorabeherak eta nire arbasoen kontuak argitaratu ondoren ospea etortzen bada, eta ospearekin ospearen zama edo aingura, ez dadila nire bizkarraren gain bakarrik geratu. Gera dadila bion bizkar gainean.

– Promes egiten dizut, Beatus Bambulo Markoni –adierazi nion kokotsa altxa eta solemnitate handiz.

– Ondo dago. Baina ez gehiago Beatus Bambulo Markoni deitu. Ez zaitez hain koipe-emailea izan. Bambulo esanda nahikoa da.

– Nahi duzun bezala, Bambulo.

Esan dut arestian ere, Bambulo kapritxosoa dela. Baina bizkorra da, hori ere bai. Eta esanekoa. Eta esanekoa denez, bete egin zuen bere hitza eta dokumentu-kaxa guztiak utzi zizkidan. Horregatik idatzi ahal izan ditut Bambulotarrei buruzko liburuak. Horregatik eta, munduan beste idazkari asko bezala, egoskor aparta naizelako.

## LEHEN ESKAINTZA, LIBURU HONETAN GOGORKI LAN EGIN DUEN IDAZKARIAK EGINA

Izaki edo elementu preziatua, zakur maitagarria, idazkarion amodio, gogo eta bihotza zaren Bambulo hori: liburu hau zurea da alderik alde eta letrarik letra, eta ez bakarrik zure bizitza eta zure arbasoena kontatzen duelako, baita nik jarri dudan apurra edo apur t´erdia zuri eskainia dagoelako ere.

Har itzazu ba, Bambulo, nahiz horrelako huskeria edo huskeria t´erdirik ez duzun behar, idazkari honek soldata aski xume baten truk hartutako izerdi eta nekeak, edo, beste modu batera esanda, zure dokumentuak txukuntzen, kopiatzen, aztertzen, zuzentzen, antolatzen eta prestatzen egin dituen ahaleginak.

Agur Bambulo, edo agur t´erdi.

## BIGARREN ESKAINTZA, BAMBULOK BERAK EGINA.

Bizkarrean aingura bat daramaten izaki edo elementu guztiei.

JON

MARIA

ARIADNA

BAMBULO

## LEHEN ATALA

*Hasieraren hasiera. Bambulo bere hiriko liburutegi batera joaten da bere etxekoekin eta ez zekien gauza bat jakiten du (eta ez nolanahiko gauza, alajaina!)*

Oso gaztea zen garaian, Bambulo bere hiriko etxe batean bizi zen beste lau elementu edo izakirekin, eta elementu edo izaki horietako bat, Maria izeneko andrea, garbiketa lanetan aritzen zen liburutegi handi batean. Zenbaitetan, bere tresna eta zapiak poltsa batean hartu eta bakarrik joaten zen; beste batzuetan berriz, eskolarik ez zegoen egunetan eta, bere seme-alabak lagun zituela, Ariadna, Jon eta Ainhoa izeneko elementu edo izakiekin.

– Mamulo, ez al duzu gurekin etorri behar? –esaten zion horrelakoetan Ainhoak Bambulori. Bera zen etxeko ttikiena, eta izugarrizko maitasuna zion gure zakur maiteari. Berarekin egon nahi zuen gau eta egun, barru eta kale, jai eta aste.

– Ainhoa, noiz ikasi behar duzu hizketan? Ni ez naiz Mamulo. Ni Bambulo naiz –erantzuten zion gure txakur maitagarriak mugitzekorik egin gabe. Garai hartan ez baitzitzaion liburu usaina erakargarri eta goxo egiten; nahiago izaten baitzuen etxean gelditu eta leihotik begira edo sofan etzanda egotea.

Batzuetan, Ainhoa ttikiari emandako erantzunak Ariadna alaba zaharrenaren haserrea eragiten zuen.

– Bambulo, zu tontoa zara edo zer? –ekiten zion gure txakur maitagarriari–. Nola nahi duzu Ainhoa ttikiak zure izena ondo esatea? Ez al dakizu gure adimen eta gaitasunek mailaz maila aurreratzen dutela? Umea ez da dena ikasita jaiotzen. Denbora behar du ikasteko. Eta Ainhoa ttikiak ere denbora behar du. Beraz, ez zenioke kargurik hartu behar Mamulo esaten dizulako. Gainera, kargu hartzea beti dago itsusi.

Ariadna alaba zaharrak luzetxo hitzegiteko joera zeukan. Hala iruditzen zitzaion behintzat Bambulori, eta hori zela eta ez zion ezezkorik arinena ere ematen. Arrazoia ematen zion beti.

– Horixe baietz, horixe baietz.

Horrelako zerbait esan eta leihotik begira jarraitzen zuen Bambulok, edo sofan etzanda. Eta une hartan, Jon etxeko semearen eztenkada iristen zen.

– Hara, azkenean onartu du Bambulok tontoa dela. Tontoa edo baboa. Beraz, hemendik aurrera Babolo deituko diogu. Edo bestela Babolo Tontolo.

– Ez da Mamolo Totolo. Da Mamulo –esaten zuen orduan Ainhoa ttikiak kopeta zimurtu eta bekokia ilunduz. Arestian esan dudan bezala, maitasun handia zion gure txakur maitagarriari, eta defenditu egiten zuen aukera zuenero.

– Ixilduko al zarete, edo zer! –haserretzen zen Maria, bere seme-alaben eztabaida zela eta–. Ez badakizue ere asko nekatzen naiz egun osoan garbiketak egiten, eta bake pittin bat nahi nuke etxean.

Arrazoi zuen andre hark. Egun osoa lanean eta soldata baten bila pasatzen duen izaki edo elementuak deskantsua nahi izaten du. Idazkarioi ere gauza bera gertatzen zaigu askotan.

Zenbait alditan, etxe hartako eztabaidak are eta gogorragoak izaten ziren, eta Maria andreak berak ere parte hartzen zuen beraietan. Halaxe gertatu zen —dokumentuak begiratuta dakit— Bambuloren bizitzan erabakiorra izan zen egunaren arratsaldean. Larunbata zen egun hura, eskolarik gabekoa alegia, eta etxeko izaki edo elementu gazteek bere ama Mariari laguntzea pentsatu zuten. Irteterakoan, ordea, ustekabe bat egon zen. Ainhoa alaba ttikiak lepotik heldu zion Bambulori.

– Mamulo! Zaldi gainean ibili nahi dut! –esan zuen gure txakur maitagarriaren gainean zangalatraba jarriz.

– Sentitzen dut, Ainhoa, baina belaunak okertu egiten zaizkit –desenkusatu zen gure txakur maitagarria kolpetik belauniko jarriz. Intentzio guztiarekin egin zuen, noski, eta Ainhoa alaba ttikia alfonbrara joan zen buruz aurrera.

Maria izaki edo elementua zinez haserretu zen orduan.

– Bambulo! Zu ezin zintzoago? Zuk ezin agoantatu gehixeago? Zu berekoia izan, bai horixe! Eta umeak min hartu!

Mariak oso modu xelebrean jokatzen zuen Bambulorekin. Gauzak ulertzea kosta egiten zitzaiola pentsatzen zuen nonbait, eta ahalik eta modu xinpleenean hitzegin behar zitzaiola. Zergatik halako jokaera bitxia? Ba, ez dut dokumentu argitzailerik aurkitu, eta ezin dut esan. Gauza bakarra dakit, Bambulok modu berean erantzuten ziola.

– Ni zintzoago izan bai, baina ezin izan zaldi! Gainera, nik Ainhoa alfonbra gainera bota, ez lur gogor eta hotzera! Ez minik hartu!

– Bai hartu!

– Ez hartu, ama. Mamulo txintxoa da –sartu zen orduan Ainhoa alfonbratik altxatuz. Bere zakur bihotzekoa defendatzeko prest zegoen, beti bezala.

– Ez naiz hain txintxoa, Ainhoa. Batzuetan gaiztoa naiz –esan zion Bambulok. Izan ere, ikara handia zion alaba ttikiaren maitasunari. Gauza harrigarria? Ez hainbeste. Bambulok berak azaltzen zuen —bere egunkarian azaldu ere, nik E/17 bezala katalogatutako dokumentuan— sentimendu horren arrazoia.

Bambulok bere egunkarian idatzitakoa.
B/E/17 dokumentua.

Zenbait jende harritu egiten da Ainhoa ttikiarengandik iheska ibiltzen naizelako. Ainhoak nire laguna izan nahi duela esaten didate, eta emateko amore. Baina, zer egiten dute Ainhoa ttikia bezalako izaki edo elementuek ni bezalako txakur batengana hurbiltzen direnean? Ba, bost gauza hauetako bat:

— Isats edo buztanetik tira, eta ez nolanahi, baizik eta inguruan dauden izaki edo elementu guztiak harrituta uzteko moduan: “Hara, hara! Nork esan behar zuen? Halako beso-xuxtar meheak eta arrastaka darama txakurra!”.

— Iletik tira, ilerik badute, eta ez badute, berdin. Ainhoa bezalako izakiek beti aurkitzen dute ileren bat hari tiraka hasteko; bibotekoa, besterik ez bada.

— Buruaren erdian eman zerbaitekin. Gogorra den zerbaitekin, normalki.

— Ahoan janari desatseginen bat sartu. Tipula puska bat, esate baterako.

— Kosk egin esnezkoak omen diren hortz horiekin. Baina ez dira esnezkoak bakarrik, esne txarrekoak ere badira, eta min handia egiten dute.

Hauxe da errealitatea, eta errealitate horren aurrean ihesa beste aukerarik ez zait geratzen. Beste aukerak ez zaizkit zilegi. Esan nahi dut izugarri ona naizela neure burua defenditzen, baina hala jokatuz gero, Ainhoari zaunka eginez eta abar, bere ama Mariak jan gabe uzten nauela. Jan gabe! Oso latza da! Oso latza! Nork egingo lioke aurre horrelako arrisku bati? Inork ez, nire ustez.

Nolanahi ere, Bambuloren etxeko eztabaida zakarrenak ere ekaitz koskorrak izaten ziren, buila edo trumoi batzuen ondorenean ahazten zirenak, eta egun hartan ere halaxe gertatu zen. Ainhoa alfonbrara bota eta handik oso gutxira izaki edo elementuak adiskidetuta zeuden.

– Gero arte, lagunak. Ondo garbitu liburutegia –esan zien Bambulok Maria eta bere seme-alabak eskaileran behera abiatu zirenean.

– Mamulo, mesedez, etorri gurekin! –esan zuen Ainhoa ttikiak orduan.

– Nahi nuke, Ainhoa, baina... –hasi zen Bambulo.

– Umeak mesedez eskatu eta halere ezezkoa eman behar al diozu? –esan zuen Mariak bekokia zimurtuz.

Beste ekaitz bat zetorrela igarri zuen Bambulok, eta bere afaria arriskuan zegoela. Irratian entzundako zerbait etorri zitzaion orduan burura: Ekaitzaren aurrean kainabera batek bezala jokatu behar zela, haren aurrean makurtuz. Ekaitzaren aurrean tente jarraitzeko ahalegina egiten zutenak *krask* hausten zirela. Eta ez, berak ez zuen bere afariak *krask* egin zezan nahi, eta amore ematea erabaki zuen, liburutegira joatea. Behingoagatik ez zitzaion ezer pasako.

Liburutegira iritsi orduko, Maria garbiketa lanetan hasi zen eta Ariadna liburu bat irakurtzen. Beste bi izaki edo elementuek, berriz, bere jostatzeko nahia adierazi zioten gure zakurrari.

– Bambulo, jarri nahi al duzu atezain? –galdetu zion Jon izaki edo elementuak. Nahiz eta liburutegiko irakurke-gelan egon, futbol zelai batean zegoela imajinatzen zuen, eta bi mahairen arteko tartea atea zela.

– Gustura jarriko nintzateke, aski ona bainaiz baloiak gelditzeko langintzan, baina arazo bat daukat –erantzun zion gure zakurrak.

– Zer arazo?

– Arazoak Ainhoa izena du.

– Zer gertatzen da? Atzetik al dabilkizu orain ere?

– Ba, bai –erantzun zion Bambulok mahai baten atzeko gordelekutik atera eta pasiluan korrika abiatuz. Ainhoa oso hurbil baitzeukan ordurako.

– Etorri Mamulo! Utzi harrapatzen! –egin zion oihu Ainhoa ttikiak.

– Orain ezin dut, Ainhoa. Presa handia daukat –erantzun zion Bambulok korrika jarraituz eta liburutegiko pasilu ilun batean sartuz. Handik gutxira, berak gutxien uste zuena gertatu zen: aurrealdeko bere bi hankek huts egin zioten, eta buruz behera erori zen. Ez ordea lurrera, baizik eta lur azpira.

Baina, ez dezadan aurrera jarrai. Hobe izango da gertatutakoa Bamburoren beraren bertsioan ezagutzea. Horretarako, beste dokumentu bat aterako dut nik neronek txukundu, kopiatu, aztertu, zuzendu, antolatu eta argitaratzeko prest utzitako paper guztien artetik. Bere egunkariko 23, 24, 25 eta 26 orrialdeei dagokiena, hain zuzen ere.

Bambulok liburutegiko erorketaz bere egunkarian idatzitakoa.
B/ E/ 23-24-25-26 dokumentua.

Ainhoak nirekin jostatu nahi zuen.

– Orain ezin dut, Ainhoa. Presa handia daukat –esan nion neska ttikiari korrika abiatuz, eta juxtu une hartan lurrak amore ematen zuela iruditu zitzaidan eta amildegi batean behera nindoala. Zorionez, amildegiak hiru edo lau metro besterik ez zituen, eta ez nuen minik hartu.

Leku hark kobazulo bat ematen zuen, eta oso ilun zegoen.

– Lagundu! –egin nuen garrasi. Deseroso sentitzen nintzelako jokatu nuen modu horretan, ez beldurragatik.

Adi-adi jarri eta erantzunaren zain gelditu nintzen. Baina ez zen halakorik iritsi.

– Lagundu! –deitu nuen berriro. Gero eta deserosoago sentitzen nintzen amildegi edo kobazulo edo dena delako hartan. Eta ez mota horretakoak, amildegiak eta beste, berez txarrak direlako, baizik eta leku zailak direlako. Ilunak ezezik, hezeak izaten dira. Gainera, ez dute eskailerarik edukitzen irteteko.

– Mamulo, non zaude? –entzun nuen bapatean.

– Hemen! Kobazuloan! –egin nuen garrasi. Hain nengoen deseroso, non ez zitzaidan axola berarekin topatzea.

Nire garrasiari ixiltasuna jarraitu zitzaion.

– Laguuundu! –egin nuen uhuri. Ezin nuen gertatzen ari zena ulertu. Nolatan ez zidan aditzen Ariadna izaki edo elementu nagusiak? Nolatan ez zidan aditzen Jonek?–. Ez etsi, Bambulo. Bilboko zakur batek ez du egundo etsitzen –esan nion neure buruari.

Zerbait egin beharrez, amildegi, kobazulo edo dena delako haren barrenak esploratzen hasi nintzen. Ikusi, ez nuen ezer ikusten, baina halako batean usaintxo bat iritsi zen nire sudurrera, azterketa azkar batean tomatearekin eta gaztarekin prestatutako makarroiena iruditu zitzaidana. "Usaintxo hori sortzen den tokitxora iristen banaiz", pentsatu nuen, "sukaldetxo bat aurkituko dut agian, eta sukaldetxo horretan atetxo bat amildegi edo kobazulo honetatik ateratzeko".

Usaimena gidari nuela —nire usaimena bikaina da, kontinenteko usaimenik bikainenetakoa—, hamar pauso egin nituen aurrena, gero beste bost, gero bi gehiago, gero bat, gero bat ere ez. Juxtu une horretan, geldituta nengoela konturatu nintzen.

– Zergatik nago geldituta? –galdetu nion nire buruari.

– Ilunpetan ibiltzea oso deserosoa delako –erantzun zidan nire buruak.

Erantzunak erabat konbentzitu ninduen, eta egindako bidea desegitea erabaki nuen. Bai, zain geratuko nintzen. Lehenago edo geroago, nire etxeko izaki edo elementuak nik utzitako hutsuneaz ohartu eta nire bila hasiko ziren.

– Pazientzia beharko dut –esan nion neure buruari, etzanda jarriz–. Laguuundu! –egin nuen garrasi begiak itxi eta zain geratu baino lehen. Baina orduan ere alferrik.

Ez dakit zenbat denbora behar izan nuen lo gelditzeko, baina kontua da lo gelditu nintzela, eta lo gelditzearekin batera etxeko beste izaki edo elementuak azaldu zitzaizkidala ametsetan. Hurbildu niregana eta barrabaskeria guztiak egiten zizkidaten: Jonek isatsa frijitu nahi zidan zartagin batean sartuz, Ariadnak jo egiten ninduen buruan liburu astun batekin, Mariak makarroiak kentzen zizkidan plateratik, Ainhoak nire belarriei heltzen zien tinko. Amets hark erotuta, altxa nengoen tokitik eta, sonanbulo baten moduan, amildegi edo kobazulo haren barrualdera egin nuen korri.

Txakur indartsu eta bitaminatua naiz, eta korri egiterakoan hartzen dudan abiadura ikusita hala esaten didate askok, Akiles izan beharko nukeela nik izena, nire hankak, Grezia zaharreko gerlari harenak bezala, hegodunak direlako. Eta egun hartan ere horren itxura guztia eman zuen, benetako Akiles bat nintzela, zeren eta lurra hamar bat aldiz bakarrik ukitu arren oso urrun joan bainintzen. Liburutegitik urrun, nire etxeko izaki edo elementuengandik urrun, mundutik urrun.

–Baina zer egin duk, Akiles Bambulo! –esan nion nire buruari. Aldi berean, deserosotasun sentsazio bortitza jabetu zen nitaz. Izan ere, eta egia esatearren, iluntasuna ez zait batere gustatzen. Txakur bilbotarren ezaugarrietako bat dela uste dut.

– Akabo naiz! Nireak egin du! –hotsegin nuen.

– Ez exajeratu, Bambulo! –esan zuen orduan ahots batek ilunpetatik sortuz. Etxeko izaki edo elementu batena zen. Bere izenak ahotik aldegin zidan.

– Ariadna!

– Hori da korri egitea, Bambulo! Zer beldurra zeneukan! –esan zuen bigarren ahots batek.

– Nik ez neukan beldurrik, Jon. Deseroso sentitzen nintzela, hori zen guztia! –erantzun nion nik. Egia osoarekin, noski. Nola izango nuen ba nik beldurra kontinenteko zakurrik ausartenetakoa izanik? Ez, horixe ezetz. Ez dira deserosotasuna eta beldurra nahastu behar.

– Zergatik aldegin duzu nirekin jostatu gabe, Mamulo? –esan zuen hirugarren ahots batek.

– Kontu hori gero argituko dizut, Ainhoa –erantzun nion urrats batzuk atzera eginez.

– Ziurrenik ere, hemendik nola atera ariko zara pentsatzen. Ez da hala, Bambulo? –esan zidan Ariadnak hitza hartuz. Neska jatorra da, baina pittin bat askojakina–. Ba oso erraz aterako gara. Eskuetan daukadan hari honi esker.

– Zer hari? Nik ez dut ezer ikusten.

– Badakit ez duzula ezer ikusten, Bambulo. Baina egia da. Hari bat daukat eskuan. Edo hobeto esanda, mataza bat. Haria askatuz etorri naiz pasilu honetan barrena.

– Ez dut ezer ulertzen –esan nuen.

– Batzuetan tontoa ematen duzu, Bambulo –atera zen Jon. Mutil jatorra da, baina lotsagabea aukeran–. Hariaren muttur bat liburutegiko mahai baten hankari lotu dio Ariadnak, eta mataza askatuz etorri da honaino. Horrek esan nahi du une honetan hari bat dagoela liburutegitik honaino luzatuta, eta hari horri jarraituz gero abiapuntura itzuliko garela. Argi premiarik gabe.

– Eta, haria txoriek janez gero?

– Zein txoriz ari zara, Bambulo?

– Haria sendoa den ala ez, hori jakin nahi nuke.

– Behar bezain sendoa da, Bambulo –esan zuen Ariadnak–. Baina, zeren usaina dago hemen?– galdetu zuen jarraian.

– Gazta eta tomatearekin kuzinatutako makarroiena. Gazta parmesanoa da, eta tomatea berriz gurina eta arrautzarekin nahastuta dago –azaldu nion zalantza izpirik gabe. Izan ere, usaina hurbil eta zehatz sentitzen zen toki hartatik.

– Goazen! –esan zuen Jonek pasilu, kobazulo edo amildegi hartan areago barruratuz–. Plater hori interesgarria izan daiteke.

Ezinbestekoa izan zitzaigun Jonen orpotik abiatzea. Azken batean, huraxe zen, barruratzea alegia, makarroi haietara iristeko norabide bakarra. Gainera, ba al da munduan horrelako janari goxo bati muzin egiteko gauza den txakurrik? Nik behintzat ez dut ezagutzen.

Jonek segizioaren buru egiten zuen. Gero Ariadna zihoan. Eta Ariadnaren hurrena ni nindoan, kontinenteko txakurrik bizkorrenetakoa, edo agian bizkorrena. Eta nire atzetik nire isatsa zihoan, eta Bambuloren isats horri helduta Ainhoa ttikia zihoan. Eta bapatean, pasilu, kobazulo edo amildegi hura bukatu egin zen, eta beste liburutegi izugarri batean aurkitu ginen. Leku hura argiz eta usainez josia zegoen.

Argia sapaiko lanpara batzuek jartzen zuten; usaina, apaletan zeuden liburu zaharrek eta lehengo makarroi haiek. Baina, non zeuden makarroiak, zehatz eta mehatz?...

Ez genuen asko itxaron beharrik izan. Lurpeko liburutegi hartan zeuden eskaileratxo batzuk igo eta sukalde batean sartu ginen. Eta hantxe zegoen, mahaian eserita eta makarroiak jaten, nire bizitzan halako garrantzia izango zuen Baratxuri Buru jaun adintsua...

Baratxuri Buru jaun adintsua sukaldaria zen, eta plater guztietan baratxuri buru bat erabiltzeko ohituratik zetorkion izena. Bambulo eta bere etxeko izaki edo elementuek aurkitu zuten garaian hirurogei urte inguru zituen, eta erretiratua zegoen.

– Ez, ez. Orain ez dut lanik egiten. Jatetxea nire seme-alaben kontu dago –esan zien hizketan hasi eta handik gutxira.

Baratxuri Buruk poliki-poliki hitzegiten zuen, lasai-lasai, gazta eta tomatearekin egindako makarroiak jateari utzi gabe.

– Eta non dago zure jatetxe hori? –galdetu zion Ariadnak. Bera ere lasai zegoen, lurpeko sukalde hura munduko lekurik arruntena bailitzan.

– Hementxe goian –esan zien Baratxuri Buruk sapai aldera seinalatuz–. Ardoak gordetzeko sotoa zen hau garai batean, baina azkenaldi honetan nire txokoa besterik ez da. Gordelekua dela esan genezake.

– Eta zure familiaren goiko jatetxe hori, zer da? Ona ala txarra? –galdetu zion Jonek.

Nahiz galdera apur bat konprometitua izan, Baratxuri Buru ez zen larritu.

– Niri ona iruditzen zait. Esate baterako, makarroi plater hau primeran dago. Lehentxoago jaitsi didate igogailu honetan –erantzun zion Joni tximini moduko bat seinalatuz.

– Ez al duzu zuk zerorrek kuzinatzen? –ekin zion Jonek. Bizkortua zegoen oso, eta galderak egiteko gogoarekin.

– Gutiziaren bat nahi dudanean, bai. Bestela ez. Jatetxean egindako janarekin konformatzen naiz, eta irabazitako denbora liburuak irakurtzen pasatzen dut.

– Ba, niri, kuzinatzea gehiago gustatzen zait irakurtzea baino –esan zuen Jonek. Egiatan esan ere. Behin baino gehiagotan laguntzen zion bere ama Mariari, igandeko bazkaria prestatzen batez ere.

– Ondo kuzinatzeko, pittin bat irakurtzea ere komeni izaten da –adierazi zion Baratxuri Buruk–. Zer, ez al dago beste galderarik? –esan zuen hurrena, sukalde, kobazulo, amildegi edo dena delako hartan egindako ixilune baten ondorenean. Aldi berean, irribarre egin zion aurrean zeukan izaki edo elementu ttikienari.

– Zure bizarra oso luzea da –esan zion orduan Ainhoak. Arrazoi handiz esan ere, kokotsetik lurreraino iristen baitzitzaion.

– Hori ez da galdera bat, Ainhoa –sartu zen Bambulo ordu arteko mututasuna hautsiz.

– Orduan, egin zuk benetako galdera –esan zion Baratxuri Buruk.

– Ba al dago makarroi gehiago? Goseak akabatzen nago! –bota zuen Bambulok. Bera ere egiatan ari zen. Bere sudurrera iristen zen usainak erotu egiten zion urdaila.

Baratxuri Buru gizon lasaia zen benetan. Oraingoan ere, nahiz gure zakurraren eskaria apur bat lotsagabea izan, ez zen larritu. Horren ordez, mahaitik altxa, telefonotxo bat hartu, eta makarroi platerkada handi bat eskatu zuen. Luze gabe, janaria Bambuloren aurrean zegoen.

– Apartak, benetan! –esan zuen Bambulok makarroi xorta bat irentsi eta gero. Ordurako ahaztuta zeuzkan hara ailegatu arteko larritasunak–. Zer nahi duzu orain, Ainhoa? –galdetu zion jarraian belarritik tiraka ari zitzaion izaki edo elementu ttikiari.

– Makaloiak, Mamulo –erantzun zion Ainhoak ahoa zabalduz.

– Zenbat?

– Bederatzi

– Bederatzi? —hotsegin zuen Bambulok–. Horrenbeste janez gero, gizendu egingo zara Ainhoa, eta gizentzea oso txarra da. Telebistak behintzat hori esaten du, eta pentsa zenbat dakien!

Azkenean, konpondu ziren biak, eta gainerako izaki edo elementuak kontu kontari hasi ziren. Ariadnaren galdera bat zela eta, Baratxuri Buruk azalpen zabalago bat eman zien bere bizitzaz.

– Nik ez nuen suerterik izan Parisetik ekarri ninduen zikoinarekin. Baserri aberats batean utzi beharrean, behartsu batean utzi ninduen.

– Pariseko zikoinaren kontu horiek txorakeriak dira –moztu zion Jonek.

– Hitzegiteko modu bat da, Jon. Baratxuri Buruk baserri pobre batean jaio zela esan nahi du. Liburu gehiago irakurriko

bazenitu, ez zinateke horrelako metafora xehe batekin nahastuko –egin zion errieta Ariadnak.

– Bai, hori esan nahi nuen. Oso baserri pobre batean jaio nintzela. Sei urterekin, hartu eskutik ni baino ttikiagoak ziren bi arrebak, eta mendira joaten nintzen egun osorako, ardi batzuk zaintzera edo beste lanen bat egitera. Zenbat ikara pasa nuen nik orduan! Izan ere, otsoa inguruan izaten genuen beti. Arkumeren bat harrapatzeko beti prest hura! Eskerrak bi zakurrekin joaten ginen. Oso bizkorrak eta ausartak ziren, zuen Bambulo honen tankerakoak, eta uxatu egiten zituzten otso madarikatu haiek.

– Eskerrik asko –esan zuen Bambulok begiak makarroi plateratik kendu gabe–. Nik neronek ere ez diot batere beldurrik otsoari.

– Ikusi egin behar –esan zuen Jonek ezpaina okertuz.

– Ez al zinen eskolara joaten, Baratxuri Buru? –galdetu zuen Ariadnak eztabaidarako biderik utzi gabe.

– Horixe zen ba, nire pena! Eskolara joan beharrean mendira joan beharra neukala! Eta ez ttikitan bakarrik. Baita koskortu nintzenean ere, gurasoek baserri aberats batera bidali baininduten morroi. Geroago, berriz, Bilbora etorri eta jatetxe batean lanean hasi eta gero, joan nintzen gau-eskolara, baina, han ere, zer ikasiko nuen ba? Egun osoa mostradorean pasa eta gero, leher eginda ailegatu eta lo gelditzen nintzen maisuaren azalpen baten erdian. Eta handik aurrera ere, ura bere bidetik.

– Egoera ez zela aldatu, alegia –esan zuen Ariadnak Joni begira. Oso pozik zegoen metaforak ulertzeko orduan erakusten ari zen gaitasunarekin.

– Horregatik egoten naiz gordeleku honetan. Ez lurpean egotea gustatzen zaidalako, baizik eta, orain dela urte batzuk nahi gabe deskubritu nuenez, soto hau Bilboko liburutegiaren alderdi baten erdi-erdian dagoelako. Egunero-egunero, bertatik itzuli bat egin eta liburu batekin itzultzen naiz. Gaztetan irakurri gabe utzitako liburu guztiak irakurtzen ari naiz. Eta oso gustura, gainera.

– Apartak! Etxekoak baino hobeak! –esan zuen Bambulok makarroi platera hustu eta gero.

– Apartak! –errepikatu zuen Ainhoak. Oso pozik zegoen Bambuloren iritzi berbera izateagatik.

– Mila esker! Esango diet seme-alabei. Bambulo eta Ainhoa oso gustura gelditu direla –agindu zien Baratxuri Buruk–. Eta orain, zergatik ez dugu liburutegitik ibileratxo bat egiten? –gaineratu zuen eserita zegoen aulkitik altxatuz.

– Joan zuek. Nik nahiago dut hemen gelditzea. Txoko horretan etzan eta kuluska bat egingo dut –adierazi zien Bambulok buruarekin ezetz eginez. Lehenago ere esan dudan bezala, garai hartan ez zen liburuzale. Ezta gutxiagorik ere. Jan zale eta lo zale genuen orduan Bambulo. Bambulo *Jandalo* deitzen zion batzuetan Jonek, eta arrazoi handiz.

Baratxuri Buruk ere ezetz egin zuen buruarekin. Aldi berean, hasperen luze bat atera zen bere ezpain artetik.

– Ba, zer pena!

Halako moduan esan zituen hitzok Baratxuri Buruk non Bambulo erne jarri zen. Erne eta belarri bat altxata. Une batez, pentsakor egon zen, hausnarkor, dudakor. Bambulo Jandalo *Susmakor* baten itxura guztiak hartu zituen.

– Ni zuekin ez joatea pena litzateke, orduan... –xuxurlatu zuen.

– Handia, gainera. Benetan, Bambulo, deitoragarria litzateke.

– Deitoragarria! –esan zuen Bambulok bere golkorako. Hitza ez zuen oso ondo ulertzen, baina, bai noski, pisu handikoa zirudien.

Bamburoren susmoak areagotu egin ziren. Bai, Baratxuri Buruk mezu bat bidali nahi zion, horren dudarik ere ez zegoen, baina, zein mezu? Gaileta kontua ote zen? Liburu artean, apaletako batean, gailetak ote zeuzkan gordeta? Gaileta haietako bat eman nahi ote zion postre bezala? Bambulo Jandalo *Susmakorrek* burua mugitu zuen alde batera eta bestera. Tente jarrita zeukan belarritxoak dardar egiten zion. Zer komeni ote zitzaion? Urrutiko gaileta haien atzetik abiatzea ala eskura zeukan kuluska harrapatzea? Jan edo lo? Lo edo jan?

Bambulok beti izan du —dokumentu asko begiratu dituen idazkari bezala esaten dut hau— sena berezi bat. Aukera egiteko zorian jarri izan den guzti-guztietan, ondo jokatu du beti, urrezko bideari atxiki izan dio. Eta halaxe gertatu zen larunbat goiz hartan ere. Logaleari eutsiz, gailetaren bila abiatu zen. Gutxien uste zuen orduan aurkituko zuen gailetaren berezitasuna! Berezitasuna eta goxotasuna. Bai, benetan goxoa izango zen liburutegiko apal batean zain zeukan gaileta!

Sukaldetxo hartatik atera eta berehala argitu zen auzia. Baratxuri Buruk, ziurtasunez aurreratuz, liburutegiko liburu zaharrenak lerrokatzen ziren saileraino eraman zituen bere bisitariak, eta aski zarpaildua zegoen liburu handi bat atera zuen hango apaletako batetik.

Bambulogana jo, eta bere aurrean jarri zen.

– Tori, Bambulo. Zurea da liburu hau hartzeko eskubidea!

Gure zakurrari bi belarrietan jarri zitzaion dardarra, eta ez aurrera eta ez atzera gelditu zen. Bambulo *Memelo* ematen zuen une hartan.

– Hartu liburua, Mamulo! –esan zion Ainhoak.

– Zer? Ikara ematen al dizu? –bota zion Jonek.

– Aurrera, Bambulo. Liburuek ez dute minik egiten. Egia ezin direla jan, baina hortik aurrera nahiko gauza aprobetxagarriak dira –azaldu zuen Ariadnak umorezkoa izan nahi zuen tonuan.

Gure zakurrak poliki-poliki eskuratu zuen liburua, gaileta hauskor bat bailitzan. Bihotzak danbateko bat eman zion berehala. Baina, zer jartzen zuen liburu zahar haren azalean? Ba, honako hitz horiek jartzen zituen letra handitan idatzita:

| Bambulotar handien<br>ekintza handiak |
|---|

– Liburu ederra dirudi, bai –esan zuen Bambulok bere onera etorri gabe. Kosta egiten zitzaion erreakzionatzea. Gainera, azkarregi zen hitz haiek bene-benetan adierazten zutena konprenitzeko.

– Zure familiaren historia da, Bambulo! –egin zuen Ariadnak garrasi. Erabat piztuta zegoen.

– Nire familia *handiarena*, Ariadna. Bambulotar familia *handiarena* –zehaztu zuen gure zakurrak. Bazihoan egoeraz jabetzen, ari zen erreakzionatzen.

– Ikus dezagun liburuak kontatzen duena! –hotsegin zuen Jonek liburua bereganatuz–. Oh! Zer da hau! Orri guztiak hondatuta daude eta! Hemen ezin da ezer irakurri!

Gure zakurrari kezka sortu zitzaion bapatean.

– Ez zure broma horiekin hasi, Jon! –esan zuen.

– Egia da, Bambulo! Ezin da ezer irakurri! –egin zuen Ariadnak garrasi.

Gure zakurrak liburua hartu zuen berriro. Bai, egia zen. Orriak zikin-zikin zeuden. Ondo txukundu, kopiatu, aztertu, prestatu eta antolatutako izkribuen ordez zirriborroa zen nagusi.

– Bambulotar handien etsai gaiztoren batek egingo zuen hau! –hotsegin zuen hortzak estutuz.

– Ez, Bambulo, ez. Ez zen inongo etsaien lana izan, baizik eta urarena eta hezetasunarena. Gogoan al dauzkazu Bilboko uholdeak? Ba, orduantxe hondatu zen liburua –argitu zion Baratxuri Buruk.

– Ba, ikusiko du urak harrapatzen dudanean! –mehatxatu zuen Bambulok. Amorrazioak ez zion pentsatzen ere uzten.

– Mamulo, kontatu zure familia handiaren historia –eskatu zion orduan Ainhoak.

– Orain ezin du. Liburuaren orriak ezabatuta daude –azaldu zion Ariadnak.

– Baina zerbaitetaz gogoratuko da, ez? –sartu zen Jon apur bat haserre–. Azken batean, bere arbasoen historia da. Niri horrelako zerbait galdetuko balidate, segituan emango nuke erantzuna. Aita mariñela dela, eta aitona ere mariñela izan zela, eta aitonaren aita berdin. Hori jakiteko ez dut inolako libururen laguntzarik behar. Beraz, Bambulo, konta egiguzu orain arte ixilik edukitakoa. Konta egiguzu zure familiari buruzko zerbait.

– Non dago aitatto? –galdetu zuen Ainhoak.

– Non nahi duzu egotea? Terranovako itsasoan, bakailaoa harrapatzen! –esan zion Jonek.

Une batez, ixiltasuna hazi zen liburutegian. Izan ere, izaki edo elementu haiek, Ariadna, Jon eta Ainhoa, atsekabetu egiten ziren beraien aita zein urrun zegoen gogoratzean. Beste ogibide bat aurki zezan desio zuten, baina, aitak berak esaten zien bezala, lan berria aurkitzea ez zen oso lan erraza. Bakailaoak iraun bitartean, berak itsasontzian jarraitu beharko zuen, Terranovan gora Terranovan behera.

– Adiskide maiteok, utz ditzagun orain zuen familiaren kontuak eta itzul gaitezen nire familia handiaren kasura –esan zuen Bambulok ixilunea etenez.

– Oso ondo iruditzen zait. Kontatu zerbait zure arbasoez –esan zion Jonek. Auzi hura zela eta, pittin bat urduri zegoen auzi harekin. Urduri t´erdi edo.

– Gustu handiz beteko nuke Jon adiskidearen nahia. Baina, hain da korapilatsua Bambulotar handien historia, hain da ugaria, hain da ekintzatsu, ekintzakor eta ekintzalaria, non nire memoria gaixoa ez den gauza, ez den gai, ez den nahikoa indartsu. Beste hitzetan esanda, ez naiz ezertaz gogoratzen.

Azalpena bukatu eta hasperen egin zuen Bambulok. Modu hartan hitzegitea nekagarria zen, zinez.

– Seguru dena gezurra dela –bota zuen Jonek tupustean.

Bambulok lepoa luzatu zuen akusazio hari behar bezala erantzuteko. Dena gezurra zela? Nola esan zezakeen hori? Nola ausartzen zen Jon halako duda beltzaren itzala zabaltzera?... Baina azkenean, hori dena eta antzeko beste hainbat gauza pentsatu ondoren, lepoa desluzatu eta bere

ohizko tokira ekarri zuen. Azken batean, zer zekien, ba, berak Bambulotar handien ekintza handiei buruz? Ezer ere ez.

Bambulo etsitzera zihoan, eta Joni arrazoi ematera, Baratxuri Buruk hitza hartu zuenean. Liburu zaharra bere aurrean zabalduta zeukan.

– Den-dena ezin da gezurra izan –esan zien Jon eta beste izaki edo elementu guztiei–. Urak hondatu ez zituen orrialde batzuk daude hemen, eta Bambuloren hiru arbaso desberdinez hitzegiten da beraietan.

Bambulok hasperen egin zuen pozez, eta arinduta sentitu zen. Bai, liburu zaharreko dokumentu haiek bere memoriaren hutsunea berdinduko zuten. Pentsamendu horiek buruan, libururantz okertu zen.

– Irakur ditzagun orri horiek lehenbailehen –esan zuen Ariadnak pittin bat ardailatuta. Bera ere libururantz okertua zegoen.

– Zenbat orrialde dira? –galdetu zuen Jonek.

– Hiru –erantzun zion–. Baina horietako batean Goya pintorearen koadro bat besterik ez dator. Erreprodukzioa, alegia.

– Mamulo! Liburua irakurri nahi dut –esan zuen Ainhoak.

– Zuk ez dakizu irakurtzen, Ainhoa. Oraindik ez.

Bambulok oharkabean erantzun zion Ainhoari. Bere arreta guztia liburuan zetorren Goya pintorearen koadroan jarrita zegoen. Bertan, bere antz handia zuen zakurtxo bat azaltzen zen, hondarretan sartua baina burua ageri zuela. Orrialdearen oinean, honako hitz hauek zeuden idatzita:

Bambulillo hondarretan erdi hondoratuta
Francisco de Goya ( 1746 - 1828 )
Museo del Prado. Madrid

Orrialde hura ikusi eta larritasuna sartu zitzaion Bambulori, larritasuna edo estuasuna. Zer egiten zuen Bambulillo bere arbasoak egoera hartan? Hondarretan itotzen ari zela zirudien. Gainera, bere begiratzeko modu izuak arriskuaren jabe zela erakusten zuen.

– Zer gertatu zitzaion Bambulillori? Salbatu al zen –galdetu zuen. Itolarria zentitzen zuen berak ere.

– Hori ez dago jakiterik –erantzun zion Baratxuri Buruk.

– Moduren bat egongo da, noski –ekin zion Bambulok.

– Zer axola dizu zuri? –esan zion Jonek.

– Axola izango ez dit, ba! –haserretu zen gure zakurra–. Urteak eta urteak Bambulilloren berririk gabe, eta orain, aurrean jartzen zaidan aurreneko aldian, hondarretan hondoratuta hil zela jakiten dut! Zer uste duzu? Sentimendurik gabea naizela? Ba, ez badakizu ere, hiriko zakur sentimentutsuena naiz!

– Sentimentutsua? –esan zion Jonek aurre eginez–. Eta zer esan nahi du hitz horrek? Horrelako hitzik ez dago!

– Badago!

– Ez dago!

– Badago! Eta badagoela erakusteko, berriro erabiliko dut. Sentimentutsua nago! Oso sentimentutsua!

– Ez dagoela esaten dizut nik –muturtu zen Jon.

– Baina ulertzen esan nahi duena, ez? –atera zen Ariadna–. Esan nahi du oso triste dagoela Bambulillo bere arbasoak izan zuen bukaeragatik.

– Lasai, lagunok, lasai –hotsegin zuen orduan Baratxuri Buruk–. Denok ere urrutiegi joan zarere. Liburuak ez du Bambulilloren bukaerari buruz ezertxo ere ekartzen. Esaten duen gauza bakarra zera da, hondarretan erdi hondoratuta zegoela Goyak ikusi zuenean. Besterik ez.

– Mamulo, ez jarri triste –esan zion Ainhoak gure zakurrari belarritik berealditako indarrez tiratuz.

– Tira belarritik, Ainhoa. Tira lasai –esan zion Bambulok–. Azken batean, belarrian ematen didazun minak on egiten dit. Bihotzean daukadan beste min hori ahaztarazten dit. Ai! Zein sentimentutsu nagoen! Zein tristetsu! Zein tristontzi!

Bambulo konturatzen zen apur bat, edo apur t´erdi, esajeratzen ari zela, baina alde batera gustatu egiten zitzaion modu negarti hartan hitzegitea.

– Nolanahi ere, beste bi orrialdeak harrigarriagoak eta pozgarriagoak dira –adierazi zien Baratxuri Buruk liburua seinalatuz–. Bamburoren bi arbaso lerden, zoragarri eta loriatsu azaltzen dira beraietan, Bambulegi eta Bambulsson. Nik nire familian horrelako bi izan banitu, oso gutxitan egongo nintzateke tristetsu edo tristontzi.

– Non? Non daude? –galdetu zuen Bambulok. Burua okertuta zeukan berriro.

– Hemen eta hemen –erantzun zion Baratxuri Buruk bi orrialde seinalatuz.

– Nik ere irakurri egin nahi dut –esan zuen Ariadnak.

– Nik ere bai, Mamulo.

– Ba, nik ez. Ez daukat inolako presarik –bukatu zuen Jonek.

Izaki edo elementu haiek ez ziren izakera berdinekoak, eta nork bere modura erreakzionatu zuen Bambulegi eta Bambulsson haien berri jakindakoan. Halere, azkenean den--denek irakurri zituzten liburu zaharreko orrialdeak. Ba, irakurle, egizu zuk gauza bera. Hona hemen nire idazkari ofizioari esker txukundu, kopiatu, aztertu, zuzendu, antolatu eta argitaratzeko prest utzi nituen bi dokumentuak.

Pantxi Baratxuri Buruk liburu zaharrean aurkitu eta Bambulori erakutsitako izkribua. P/Lib/1A dokumentua. Bambulegi.

Asko eztabaidatu da Ameriketa aurkitzearen meritua nori dagokion erabaki nahirik. Batzuek mariñel *viking* bat izan zela diote; beste batzuek Urretxuko mariñel euskaldun bat izan zela; gehienek, berriz, Cristobal Colon izan zela. Bada, ez zen horietako inor izan. Bambulegi izeneko izaki edo elementua izan zen, txakur bistaluze bat. Santa Maria izeneko untzian joan zen Colonekin batera eta, oso jale ona izaki, brankan egoteko ohitura hartu zuen. "Noiz ikusi behar ote dugu lurra?", pentsatzen zuen Bambulegik etengabe. "Noiz jango dugu ondo kuzinaturiko zerbait? Nazkatuta nago ontzi honetako betiko arrantzuarekin".

Egun batez, goizean goiz, Bambulegik errainu edo itzal bat ikusi zuen ortzemugan, eta kolpetik zutitu eta horrelaxe egin zuen garrasi: "Jana! Jan goxoa!". Inguruko mariñelek harrituta begiratu ziotela konturatuz, Bambulegik bere aurreneko esaldia zuzendu eta Historiara pasa den garrasi hura bota zuen: "Lurra! Lurra!"...

Zer izan zen? Zerutik etorritako inspirazioa ala goseak eragindako sena? Ezin da jakin. Gainera, kontua zera da, Bambulegik asmatu egin zuela...

Pantxi Baratxuri Buruk liburu zaharrean aurkitu eta Bambulori erakutsitako izkribua. P/Lib/1B dokumentua. Bambulsson.

"Askok ezagutzen dute Amundsen eta Scotti gertatutakoa Hego Poloa irabazteko. Askok esagutzen dute, halaber, haren bukaera, Amundsen norvegiarra aurrena iritsi zela, alegia. Inork gutxik daki, ordea, lorpen hura bideratu zuen txakurraren izena. Txakur hori Bambulsson izan zen. Elurekaitz izugarri bat zela eta, taldeko beste txakurrek tiratzeari utzi zioten ezinaren ezinez, baina Bambulssonek aurrera jarraitu zuen. Bera bezalako txakurrekin Hego Polora iristea ezin zen ezinezkoa izan...".

– Ni ez naiz espedizio horretaz gogoratzen –esan zuen Ariadnak liburu zaharrean azaltzen zen bigarren izkribua irakurri ondoren.

– Ni ere ez –lagundu zion Ainhoak.

– Ni bai. Pittin bat behintzat gogoratzen naiz –esan zuen Bambulok doi doi hitzeginez.

– Gezurra! –bota zion Jonek. Oso belarri ona zeukan, eta entzuna zuen Bambulok hain doi esandakoa.

– Mende honen hasierako espedizio gogoangarrienak izan ziren –sartu zen Baratxuri Buru indarrez. Ez zuen izaki edo elementu haien arteko eztabaida berririk nahi–. Alde batera, oso helburu zaila izan zutelako; bestera, garai hartako prentsaren erruz, Amundsen-en eta Scott-en arteko lehia bezala planteiatu zutelako. Eta, begira zer diren gauzak –berotu zen Baratxuri Buru–: Nahiz Amundsen aurrena iritsi, jendeak areago mirestu zituen Scott eta bere kideak. Badakizue zer gertatu zitzaien?

– Ba, bigarren iritsi zirela, Amundsenen atzetik –esan zuen Ariadnak.

– Bambulsson bezalako zakurrik ez zeukatelako, ziurrenik –gaineratu zuen Bambulok. Doi hitzeginez orduan ere.

– Ez hori bakarrik, Ariadna –adierazi zuen Baratxuri Buruk–. Itzuleran, sekulako *blizzard* bat izan zuten, ekaitz ikaragarria, atertu gabe jo eta jo aritu zitzaiena. Eta azkenean, gosez eta nekez hil ziren denak. Oraindik gogoan dauzkat Scott kapitain bihoztun hark bere egunkarian idatzitako azken hitzak: "Ekaitza ez da baretzen. Bihar azkenengo ahalegina. Ez daukagu batere erregairik, eta janaria ere behin edo bi alditarako bakarrik. Azkena hurbil dago..."

– Ze hunkigarria! –hotsegin zuen Ariadnak.

– Halaxe da, bai. Hunkigarria benetan –esan zuen Baratxuri Buruk –. Nolanahi ere, halakoxeak ziren esploradore haiek. Heriotzaren eta bizitzaren arteko zubian bizi ziren. Amundsen bera Hego Polora iritsi eta handik urte batzuetara hil zen, desagertu egin zen galdutako beste espedizio bat erreskatatzera abiatuta. Bai, beste mami bateko gizonak ziren haiek! Oraingook desberdinak gara!

– Zakurrok berriz ez gara hainbeste aldatu –esan zuen Bambulok oso-oso doi. Hain doi non inork ez zion aditu.

Baratxuri Buruk astindu moduko bat egin zuen, gorputzean sartutako hotza uxatu nahiz bezala.

– Baina zertan ari naiz ni kontu triste horiekin! Une alai hau zapuzten ari naiz! –esan zuen ozenki. Bambulori begiratu zion gero–. Zer moduz sentitzen zara? Ez zara kexu izango, noski! Zer arbaso apartak, zureak!

– Apartak, bai –esan zuen gure zakurrak.

– Niri ere asko gustatzen zaizkit makaloiak, Mamulo –sartu zen Ainhoa. Ordurako pittin bat nekatua zegoen, eta kosta egiten zitzaion hizpideari jarraitzea.

– Itzuli egin beharko genuke –esan zuen Jonek bere arrebaren nekeaz konturatuz–. Iluntzen ariko du honez gero, eta Maria luze iritzita egongo da.

– Non utzi dut nik haria! –esan zuen Ariadnak–. Haria behar dut abiatutako lekura itzultzeko!

Baratxuri Buruk apalean jarri zuen Bambuloren familiari buruzko liburu zaharra, eta jarraitzeko esan zien beste izaki edo elementuei.

– Etorri nirekin. Nik erakutsiko dizuet bidea. Gainera, linterna bat daukat nire txokoan –esan zien.

Handik gutxira, Bambulo eta beste izaki edo elementu guztiak Mariarekin bildu eta etxera egin zuten. Eta behin etxean, afaldu, telebista ikusi eta beren geletara joan ziren. Ordea, loak ez zituen segituan hartu. Ariadna, Jon eta Bambulo behintzat ez. Egun berezi bat bizi berria zuten, eta horrelakoetan usu gertatzen denez –ondo dakigu hau idazkariok–dokumentuak sortzeari ekin zioten ohean sartu orduko. Beste modura esanda, Ariadna, Jon eta Bambulok lerro batzuk idatzi zituzten nork bere egunkarian.

Ikus ditzagun, beraz, dokumentu horietan azaltzen diren hiru bertsioak. Eta bide batez, eta ahaztu baino lehen, mila esker Ariadna eta Joni bere garai hartako egunkaria kontsultatzen uzteagatik. Mila esker, benetan! Idazkari honek ez du ahaztuko!

Ariadnak bere egunkarian idatzitakoa.
A/ E/35 dokumentua.

Gaur arratsaldean liburutegian egon gara eta gizon zahar--zahar bat ezagutu dugu. Oso interesgarria iruditu zait. Asko irakurtzen du, pila bat, eta Scott kapitainaren historia hunkigarria kontatu digu. Lortu behar dut espedizio horri buruzko libururen bat. Eta beste gauza bat ere esan digu Baratxuri Buruk, espedizioan joandako zakurretako bat Bamburoren arbasoa zela. Baina ez zen Scottena, baizik eta bestearena.

Jonek bere egunkarian idatzitakoa.
J/ E/35 dokumentua.

Gaur arratsaldean liburutegira joan gara, baina ez da besteetan bezain aspergarria izan. Sukaldari batekin egin dugu topo, lehen jatetxea omen zeukan, eta asko erabiltzen omen zuen baratxuria. Nahikoa denbora egin dugu berarekin eta azkenean Bamburoren familiaz hitzegiten duen liburu hori utzi eta bere sukaldera itzuli garenean txokolatea egiteko errezetarik ba al zekien galdetu diot, datorren astean festa neukala eta horixe egin nahi nuela txokolatea txurroekin. Zorionez koaderno bat zeukan errezetekin eta txokolatearena bertan zegoen. Txurroena ere bai, baina hobe dudala txurroak txurreria batean erostea esan dit. Bestela lan handia dela eta gainera okerrago ateratzen direla etxeko sukaldean. Orain errezeta kopiatuko dut.

### Txokolatea egiteko:

Esne hotza ontzi batean jarri eta txokolate puxketak gehitzen zaizkio norberari iruditzen zaion kantitatean. Gero berotu egiten da etengabe eraginez zurezko goilare batekin, txokolatea urtu dadin eta hondoari erantsi ez dakion. Nahasketak irakin egin behar du denbora batez. Zenbat eta denbora gehiago irakin, hainbat eta lodiago txokolatea. Hobe da bezperan egitea, kontzentrazioa eta tertziopelo itxura hartzen baitu hartara.

Bambulok bere egunkarian idatzitakoa.
B/ E/19 dokumentua.

Liburutegira joan naiz gaur, eta hara ailegatu orduko pasabide sekretu bat aurkitu dut. Oso ilun zegoen arren, aurrera egin dut ausarki makarroien usain goxoari jarraituz, zeren, ahaztu egiten zitzaidan esatea, makarroi usaina baitzegoen lurpeko leku ilun hartan. Azkenean, makarroiak aurkitu eta jan egin ditut, den-denak salbu eta Ainhoak eskatu dizkidan zazpi edo zortzi, eta orduan gizon bizarluze baten orpotik abiatu gara, eta gizon horrek Baratxuri Buru du izena.

Liburu zahar bat erakutsi dit Baratxuri Buruk, eta bertan nire arbaso batzuk azaltzen ziren, nahiko arbaso gizarajoak denak, penaz eta minez bizi izan zirenak. Lehenengoa itsasontzi batean ibili zen nonbait, beti goseak, beti itsasoari begira ea handik usain goxoren bat iristen zitzaion, eta halako batean Ameriketan sartu eta gosea kentzea lortu omen zuen, baina auskalo zer jan zuen han, seguru zerrikeriaren bat jan zuela, zeren hori da Mariaren gizonak, mariñelak, Terranovatik etorri eta gero esaten duena, etxean bai jaten dela ondo, Ameriketan zerrikeria besterik ez. Eta nire arbaso haren bizimodua txarra izan bazen, are eta okerragoa izan zen liburu zaharrean azaltzen zen bigarrenarena, bigarren honek izotz artean pasa baitzuen bizitza, eta karga-karga egindako lera bati tiraka, eta sofrimendu hura zertarako eta Hego Polora iristeko. Baina, zer dago ba, Hego Poloan? Izotza izotzaren gainean. Eta nik esaten dudana: zergatik joan izotzetan barrena izotz gehiagoren bila? Ez du zentzurik. Nolanahi ere, askozaz ere okerragoa iruditu zait liburu zaharrean azaltzen zen beste arbasoaren kasua. Bambulillo omen zuen izena, eta pintore batek hondarretan erdi hondoratuta zegoela pintatu zuen. Zer egiten zuen ordea Bambulillok hondarretan erdi hondoratuta? Bere egoeran pentsatzeak larritasuna ematen dit. Areago bere begirada gogoan hartuta. Bambulillok izututa dagoen zakur baten begirada dauka koadroan. Ez dut esan nahi honekin Bambulotarrok maiz izutzen garenik; bakarrik esan nahi dut izutzen garenean begirada hori jartzen zaigula. Lurpeko piztia batek atzeko hanketatik heldu eta hondarretan ito nahi ote zuen? Hondar mugikorrak ote ziren? Ezin da jakin. Baina jakitea gustatuko litzaidake.

Horrelaxe gelditu ziren gauzak liburutegira egindako bisita haren ondorenean, Ariadna, Jon eta Bambulok beren izkribuetan laburtu bezala. Nahiz eta larunbat hura, lehenago esan dudanez, guztiz erabakiorra izan Bamburoren bizitzan, ez zen festa handiagorik izan, ez zen *egun txit handi* edo *egun txit handi t'erdi* bat bezala markatuta gelditu etxe hartako izaki edo elementuen egunkarietan. Jakina, egon dira historia hau beste modu batera kontatu dutenak, esanez Bambulo zakurra —hitzez hitz aipatzen dut prentsan azaldutako artikulu batek zioena— "tximista batek joa bezala sentitu zela liburutegian" eta "zeruan sortua zirudien mintzo batek galde egin ziola: Bambulo, Bambulo, zergatik ez diok bideari heltzen, zergatik ez haiz joaten munduan barrena hire arbaso handien benetako historia argitu eta idazteko?"; baina kontu horiek, eta antzeko guztiak, gezur hutsa dira, errealitatea puzteko gogoa. Gauzak ez ziren hain kolpetik gertatu, baizik eta, berriro diot, modu normalagoan. Nik esango nuke liburutegira egindako bisitak hazi bat erein zuela gure zakurraren gogoan, eta hazi hark ekarri zuela gero, handitu eta landare egitean, bere bizimodu aldaketa. Eta hau diot, ez bakarrik idazkari bezala, baita baratzan aritzea gustatzen zaion izaki edo elementua bezala ere. Badakit nola sortu eta hazten diren zuhaitzak eta loreak, eta horregatik esan dezaket konparazioa zilegi dela. Bamburoren bokazioa zuhaitz bat bezala hazi zela, poliki baina tinko; zalapartarik gabe, baina ziurki.

Nolanahi ere, bere gogoan barruratuko hazi hura berehala hasi zen goraka, liburutegian izan eta handik egun batzuetara, eta Bamburoren loa aldatzea lortu zuen lehenengoz eta behin.

Gau batean, Ariadna eta beste izaki edo elementuek kexuka sentitu zuten gure zakurra alfonbra gainean, kexuka eta intzirika, arnaska eta negarka, dardarka eta garrasika:

– Ez! Ez! Ez! Atera hortik Bambulillo! Ez hondarretan gehiago sartu!

– Zer gertatzen zaizu, Bambulo? –galdetu zion Ariadnak esnatzen zuenarekin batera.

– Mamulo, ez negar egin! –eskatu zion Ainhoak.

– Gehiegi jan duzu, Bambu –lagundu zuen Jonek erdi burlaka.

– Egia! –bukatu zuen Mariak–. Zuk gehiegi jan eta gero amets txarrak!

Bambulori, ordea, asko kostatzen zitzaion esnatzea.

– Kontuz, Bambulillo! Atera hondarretik! –egin zuen oihu.

– Bambulo!!! –deitu zioten beste izaki edo elementuek garrasi batean.

– Liburuan ikusitako pintura harekin ari nintzen ametsetan –azaldu zien Bambulok, azkenean esnatuz.

Aurreneko aldi hartan inork ez zion gertatutakoari garrantzirik eman, baina hurrengo egunetan —landareak beti aurrera egiten du— amets hura behin eta berriro errepikatu zenean, eta Bambuloren kexu, intziri, arnas, negar, dardar eta garrasiak gaueroko kontua bihurtu zirenean, etxeko izaki edo elementu guztiak kezkatzen hasi ziren. Hainbesteraino non Mariak bere senarrari kontatu zion Terranovara egindako gutun batean. Eta bide batez: mila esker Maria eta bere senarrari beraien dokumentuak ere idazkari honen esku jartzeagatik. Beti esango dut: dokumenturik gabe, idazkariok hutsaren hurrengoa ginateke.

Mariak Bambulori buruz bere senarrari kontatutakoa.
G/B/1 dokumentua.

Gure zakurra oso arraro dabil azkenaldi honetan. Ezin du lorik egin. Lo hartu bezain azkar Bambulillo izeneko batekin ametsetan hasten da, ito egingo dela eta ito egingo dela, eta esnatu egiten da. Bera esnatu eta denok esnatu, izugarrizko makakorroak ateratzen ditu eta. Gainera, joera berri bat hartu du. Hondartzara joan nahi du beti. "Zergatik zuk hondartzara nahi", esaten diot nik. Eta berak: "itsasoa handia, itsasoa urdina, nik itsasoa ikusi nahi". Baina gero, joaten garenean, ez dio urari begiratu ere egiten. Hondarretan pasatzen du denbora. Jartzen da hondar tontor baten gainean eta saltoka hasten da. "Zertan zu ari, Bambulo?", galdetu nion lehengo batean. "Ezinezkoa! Ezinezkoa!", erantzun zidan hondarra hankarekin zapalduz. "Zer izan ezinezkoa?", nik. Eta berak: "Hondoratzea! Zer nahi zuk izan ezinezkoa!". Ez dakit zeren atzetik dabilen. Ariadnak eman zidan azalpen bat, Goya pintorearen koadro bat zela eta ez zela, baina berari ere ez nion asko ulertu. Bueno, bolada bateko kontua izango da eta konponduko da nola edo hala. Ariadnak esaten du obsesio bat dela, eta pasako zaiola. Zer moduz zu Terranovan? Ondo? Ba, hala jarraitu, eta ahal duzunean etorri.

Mariak bere senarrari esaten ziona, gauzak konponduko zirela nola edo hala, egia suertatu zen. Ez, ordea, berak gutuna idaztean pentsatzen zuen bezala, ez baitzen,

Bambulorena, bolada bateko kontua izan, baizik eta bizitza osokoa. Beste modu batera esanda, Bambuloren gogoan sartutako haziak gora eta gora egin zuen, eta zuhaitz bihurtu zen berehala. Eta aldaketa horren lehen ondorioa Bambuloren desagerpena izan zen. Bai, Bambulo desagertu egin zen. Ezkutatu.

– Non da Bambulo? –galdetzen zioten bere etxeko izaki edo elementuek elkarri. Baina ez zegoen erantzunik. Gure zakurra ez zen inon ageri. Bilbotik joana zirudien. Edo hori zen behintzat Baratxuri Buru sukaldariaren iritzia.

– Bizpahiru aldiz etorri zen soto honetara –adierazi zien Ariadna, Jon eta Ainhoari–. Etorri eta liburu zaharra dagoen apalera jotzen zuen segituan, eta hantxe gelditzen zen Goyaren koadroari begira. Baina egun asko dira azaldu ez dela. Nik uste hiritik kanpora dagoela.

– Ez al zuen makarroirik eskatzen? –jakin nahi izan zuen Jonek.

– Ba, ez. Eskainita ere ez zituen nahi izaten –esan zion Baratxuri Buruk ezpainak luzatuz. Bera ere kezkatua zegoen.

– Orduan, gauza larriren bat gertatzen zaio! –erabaki zuen Ariadnak hasperen eginez.

– Mamulo! Etorri! –egin zuen Ainhoak garrasi.

Baina alferrik zen. Bambulok ezin zien aditu. Desagertuta zegoen. Aurreko aldaketa ttikiei aldaketa handi hark jarraitzen zien. Horrelaxe ziren gauzak.

Bambuloren etxeko izaki edo elementuek oso bizi erreakzionatu zuten egoera berriaren aurrean. Mariak hitz gutxitan azaldu zion bere senarrari.

BAMBULO

Mariak Bambuloren desagerpenaz kontatutakoa.
G/M/2 dokumentua.

"Gure zakurra ez da inondik ageri. Esan nizun lehengo gutunean gauza arraroak egiten hasi zela, eta orain joan egin da nonbait. Baina okerrena ez da hori, okerrena da oso egoera txarrean gelditu garela. Ainhoak esate baterako marru besterik ez du egiten, Bambulo behar duela eta zakurra behar duela; Ariadnak berriz teoria beldurgarri bat dauka, zakurra ez dela bere borondatez desagertu, baizik eta bahitu dutelako. Bandak omen daude zakurrak bahitzen dituztenak, gero zakur-borroka klandestinoak egiteko, eta gurea ere horrelaxe ibiliko dela orain, borrokaz borroka. Jon ixilago dago, baina bera ere gaizki pasatzen ari da. Kuzinan egiteko lehengo ilusiorik behintzat ez dauka. Beraz, ikustezu, erotzeko moduko bizitza, eta konponbide zailekoa, gainera".

Horrelaxe kexatzen zen Maria bere gutunean, baina nire ustez —idazkari soil bati dagokion apaltasunaz esaten dut hau— bai bere erreakzioa eta bai beste izaki edo elementuena gehiegizkoa izan zen. Azken batean, hain arraroa al da ba desagertzea? Ez, inola ere ez. Ez eta ez. Desagertzen diren gauzen zerrenda egingo bagenu, auskalo, agian ez luke amaierarik izango. Nik neronek idazkarion aldizkari xume baina duinean idatzi nuen bezala, asko dira desagertzeko joera duten izaki edo elementuak. Nire ikuspundua argiago ikus dadin, hona hemen dokumentua.

Nik neronek desagerpenei buruz idatzi nuena.
I/A/1 Dokumentua.
Idazkarien aldizkaria.

Desagertzeko joera duten gauzen zerrenda behin-behinekoa.

1. Lainoak. Dudarik gabe, lainoak oso desagertu-zale dira. Arratsaldeko bostetan, hortxe daude zeruan sakabanatuta; zazpietan, berriz, ez daude, eta zerua urdin-urdin ageri da.

2. Txoriak. Oso desagertu-zale dira beraiek ere. Une batean, alanbrean daude kantari; hurrengoan, ez daude.

3. Loreak. Maiatzean edo ekainean, belardi guztietan ikus ditzakegu. Handik denbora batera, ordea, bistatik kentzen dira denak, gorriak bezala txuriak, eta txuriak bezala moreak edo horiak.

4. Eguzkia. Hain handi eta boteretsua izan arren, eguzkia ere ezkutatu egiten da. Zenbaitetan, laino bat pare-parean jartzen zaiolako; bestetan, gehientsuenetan, gauaren ilunak bere lekua hartzen duelako.

5. Ilargia. Eguzkia bezala, ilargia ere ezkutatu egiten da, baina pittinka, norbaitek egunero jaten duen gazta biguin baten moduan.

6. Gazta eta, oro har, elikagaiak. Aldi batez, gazta eta gainerako elikagaiak hozkailuan ikusten ditugu. Halako batean, ordea, desagertu egiten dira. Zergatik? Ba, geldirik egoten ez dakitelako.

7. Euliak. Gazta eta beste elikagaien inguruan ibiltzea gustatzen zaie, baina desio hori hozkailuaren oztopoarekin egokitzen da. Izan ere, euliei asko kostatzen zaie hozkailuaren atea zabaltzea. Gauzak horrela, erabat zapuztu, sukaldeko lanpara ingurutik bi buelta eman eta desagertu egiten dira.

8. Untxi txuriak. Untxi txuriek ezkutatzeko joera nabarmena dute. Beraien kasuan, mania ere badela esan daiteke. Aldian behin, jendeak gutxien uste duenean, mago baten sonbreiruan azaltzen dira. Instant batez bakarrik, halere: agerian daudela konturatzen direnarekin batera, belarriak bildu eta ezkutatu egiten dira.

9. Untzi txuriak. Untxi txuriak bezalaxe, untzi txuriak ere ezkutatu egiten dira. Askok eta askok izan dute esperientzia hori kostaldetik ibiltzerakoan: paseoaren hasieran hantxe dago untzi txuri polit bat uraren gainean; paseoaren bukaeran, berriz, bost edo sei untzi daude; kolore askotakoak, baina txuririk ez.

10. Lagunak. Batzuetan, lagunak ezkutatu egiten zaizkigu. Zergatik? Ba, bidaia bat egitera aldegin dutelako, beste hiri batera aldatu direlako, lan edo eginkizun berri bat sortu zaielako edo beste edozein arrazoirengatik. Desagertu-zale direlako, hitz batean esanda, eta bizitzak joera hori areagotzen duelako.

Baina, hala eta guztiz ere, nahiz desagerpena munduko gertaerarik arruntenetakoa izan, bere etxekoak —esan dut lehenago ere— gaixotzeko zorian jarri ziren Bambulo inon ageri ez zelako. Ez zuten onartu nahi beraien zakurraren arruntasuna: berak ere desagertzeko joera zuela, alegia, berdina zela zentzu horretan munduko laino, txori, lore, eguzki, ilargi, gazta, euli, untxi, untzi eta lagun guztiekin.

Gauzak horrela, Mariak behin eta berriro errepikatu behar izan zuen bere senarrari egindako gutuna, eta betiko hitzekin, betiko amaierarekin: “Beraz, ikustezu, erotzeko moduko bizitza, eta konponbide zailekoa, gainera”.

Denborak aurrera egin zuen, eta asteartea astelehenari jarraitu zitzaion, asteazkena asteartearі, osteguna asteazkenari, ostirala ostegunari, larunbata ostiralari, igandea larunbatari, eta igandeari, berriro ere, astelehena jarraitu zitzaion, eta hala zirudien, gurpil hark modu hartan jarraituko zuela eternalki. Baina ez: kasinoetako erruleta bezala, gelditu egin zen halako batean. Bambulok seinale bat bidali zienean gertatu zen, edo hobeto esanda hiru seinale bidali zituenean. Hiru seinale: hiru postal Madriletik.

Bambulok bere etxekoei idatzitako postala
B/P/1 dokumentua.

Ainhoa, Jon, Ariadna, Maria: zer moduz? Ondo?
Ba, ni hementxe nabil Madrilen, bimbili bombolo.
Bihotzez: Bambulo.

Bambulok bere etxekoei idatzitako postala
B/P/2 dokumentua.

Ainhoa, Jon, Ariadna, Maria: Ondo jarraitzen duzue?
Ba, ni hementxe nabil Madrilen, bimbili bambulo.
Bihotzez: Bombolo.

Bambulok bere etxekoei idatzitako
postala
B/P/2 dokumentua.

Ainhoa, Jon, Ariadna, Maria: Ondo? Beti bezala?
Ba, ni hementxe nabil Madrilen, bambulo bombolo.
Bihotzez: Bimbili.

Bambulok bidalitako postal guztiek El Prado museoan erositakoak zirudíten. Lehenengoak, eraikuntza bera erakusten zuen; bigarrenak, bertan dagoen koadro ospetsu bat, Goya pintorearen *Los fusilamientos del 3 de mayo en la Moncloa* izenekoa; hirugarrenak, Goyaren beste koadro bat, etxeko izaki edo elementu guztiei oso ezaguna egin zitzaiena.

– Baratxuri Buruk liburu zaharrean erakutsitako koadroa da –esan zuen Ariadnak. Bera baitzen postal hura eskuan zeukana.

– Zer? –galdetu zuen Ainhoak. Bambuloren berriak zirela eta poz-pozik zegoen, baina baita nahastuta ere. Ez zuen oso ondo ulertzen gertatzen ari zena. Gainera, berak ez zekien non zegoen El Padro museo hura. Areago: berak ez zekien Madril non zegoen.

– Ez zara gogoratzen? –lagundu zion Ariadnak–. Bambuloren arbaso batzuen berri izan genuen liburutegian, eta horietako bat zakur ttiki bat zen, hondarretan erdi hondoratuta zegoena.

– Mamulillo –esan zuen Ainhoak. Bai, ondo gogoratzen zen txakur ttikiarekin, baina berak beste gauza bat jakin nahi zuen. Zer gertatzen ari zen, hori jakin nahi zuen berak.

– Koadroaren izena tatxatua dago –komentatu zuen Jonek. Eta egia zen. *Francisco de Goya. Bambulillo hondarretan erdi hondoratuta* jartzen zuen lekuan, pintorearen izena bakarrik irakur zitekeen garbi. Beste hiru hitzak boligrafo beltzez zikinduta zeuden.

– Zergatik egin ote du hori Bambulok? –galdetu zuen Jonek bere golkorako bezala.

– Zer gertatzen da?! –ekin zion Ainhoak.

Izaki edo elementu denak ixilik geratu ziren. Ez, ez zen xamurra galdera hari erantzutea. Mariak berak ere lanak izan zituen auziaren aurrean.

– Alde batera, ondo dabilela dirudi –esan zion Ainhoari–. Ondo ibiliko ez balitz, ez zituen hiru postal bidaliko. Baina, bestera, burutik pittin bat nahastua dabilela ere esango nuke. Bere sinadura ikustea besterik ez dago. Batean Bambulo bezala sinatzen du. Bestean, Bombolo bezala. Hirugarrenean, berriz, Bimbili bihurtzen da. Eta ez esan niri hau erabat normala denik. Nik ez dut sekula Moria edo Muria bezala sinatu. Oso garbi eduki dut beti Maria naizela.

– Nik uste dut bere obsesio horregatik dela –lagundu zion Ariadnak–. Bambulillo bere arbaso hari gertatutakoa dauka buruan, eta ezin du beste ezertan pentsatu. Ezta bere izenean ere.

Hala zeuden hizketan, Ainhoak etxeko atea ireki eta eskaileran behera abiatu zenean. Bere kopeta zimurtua zegoen. Zimurtu t´erdi.

– Nora zoaz, Ainhoa? –galdetu zion Mariak.

– Mamuloren bila –erantzun zion Ainhoak sendoki hitzeginez.

– Baina, nora?

– Madrilera!

– Madrilera! Baina Madril oso urruti dago! Ezin zara oinez joan!

Ordurako, Ainhoak hamar bat eskailera-maila jaitsita zeuzkan. Mariak aidean hartu eta etxean sartu zuen berriro.

– Ez negarrik egin, Ainhoa –esan zion jarraian bere alaba ttikiari. Negarrez baitzegoen, hain zuzen ere. Berak Madrilera joan nahi zuen, Bambuloren bila. Ez zuen etxean gelditu nahi.

– Madril oso handia da, Ainhoa! –azaldu zion Ariadnak–. Bost miloitik gora bizilagun ditu, eta hogei milatik gora zakur. Nola aurkitu Bambulo hainbeste izaki edo elementuren artean?

Erantzun bezala, Ainhoak areagotu egin zuen bere negarra. Pena handia sentitzen zuen bere zakurragatik. Urruti zegoen, milaka izakiren artean zegoen, obsesionatuta eta nahastuta zegoen. Zer pena! Zer pena handia! Ohi bezala, Mariak bere senarrari kontatu zion gertatzen ari zena.

Mariak bere etxeko egoerari buruz
G/M/3 dokumentua.

Bambuloren hiru postalak iritsi zirenetik ez dugu bakerik etxean. Ainhoa behintzat beti makakorroka ari da, bere zakurraren bila joan behar duela eta bere zakurraren bila joan nahi duela. Nola asmatu ez dakit, oraintxe! Hala pentsatu nuen lehengoan, beharbada telebistako programa horretara joatea litzatekeela hoberena, badakizu zein programaz ari naizen,

*Non daude gure izaki maiteak* izenekoaz, baina ez daukat behar bezalako soinekorik horra joateko eta ez noa soineko berri bat egiten hastera orain. Gainera, aurkituta ere, Bambulok etorri nahiko al luke etxera? Ez nago seguru, zeren itxura batera behintzat El Prado museoaren inguruan ibiltzea nahiago du. Ai! Zer suertea daukazun zuk zure bakailaoarekin! Nik dakidala, bakailaoek ez dute negarrik egiten, eta obsesiorik ere ez dute izaten. Aprobetxatu beraz Terranovako bakea, eta gure egoera konpontzeko ideiarik baduzu, jarri telegrama bat.

Mariaren senarrak bidali egin zuen telegrama hura Terranovatik, esanez erosteko soineko berria eta joateko telebistako programara, baina mesedez ez negar egiteko programara joaten ziren guztiak bezala; baina hitz haiek, ezinezkoa eskatzeaz gain —nola ez egin negar negarrezko programa negargarri batean?—, oso laguntza gutxikoak iruditu zitzaizkien Maria eta etxeko beste izaki edo elementuei, eta hozkailuaren gainean utzi zuten azkenean, beste hainbat dokumenturekin batera, aparailu haren atzealdera erori eta erabat ezkutatu arte.

Idazkarioi beti ematen digu min dokumentu baten galtzeak, baina, hala ere, poz bat daukat nik: Terranovako telegrama hura galdu zela, eta hurrengo hiru dokumentuak, berriz, salbatu egin zirela. Izan ere, dokumentu horien galtzeak sekulako galerak ekarriko zizkion idazten ari naizen historia honi. Garbiago esanda: nik txukundu, kopiatu, aztertu, zuzendu, antolatu eta argitaratzeko prest utzitako dokumentu horien artean, datozen hiruak *princeps* dira, lehen mailakoak. Lehenengoan Bambulok bere ekintza berezi bat kontatzen du, bere ospearen abiapundua izan zena; bigarrenean —Joni esker lortutako dokumentua— albiste labur bezain bitxi baten berri izaten dugu; hirugarrenean —Ariadnari esker lortutako dokumentua—, kazetari batek egindako galderei erantzuten die Bambulok; bere bizitzan lehenengoa izango zen elkarrizketan, erantzun ere.

Bambulok Madriletik bidalitako gutuna.
B/G/1 dokumentua.

Ainhoa, Ariadna, Jon, eta Maria: gogoratzen al zarete Bambulilloz? Baratxuri Buruk erakutsitako liburu zahar hartan azaltzen zen nire arbaso hori, Goya pintoreak egindako erretrato batean. Ba, koadroaren irudia gogoan baduzue, gogoan izango duzue bere izena ere: *Bambulillo hondarretan erdi-hondoraturik*. Bai? Jabetzen zarete? Ba, orduan, oso ondo ulertuko duzue nire azkenaldi honetako bizimodua.

Hasiera batean, sofritu egiten nuen Bambulillori gertatutakoagatik. Ni ere hondarretan itotzen nintzela egiten nuen amets, eta eztarrian hondar gustu txar bat nuela esnatzen nintzen. “Ze txarra den arbasoen berri izatea”, pentsatzen nuen orduan. Ezjakin nintzen garaietako zoriona galdua bainuen.

Halako batean, ordea, duda bat sartu zitzaidan buruan: ondo ote zegoen izen hura? Egia ote zen Bambulillok hain gaizki bukatu zuela? Berehala, kontinenteko zakur dudatienetakoa bihurtu nintzen, eta fedea galdu nion Historiari. Nork esaten zidan niri Historia egiazkoa zela? Pentsatu eta pentsatu, erabaki nuen historiagileek esaten zutela hori. Historiagileek defendatzen zutela Historia. Beraiek egin eta beraiek defendatu. Beraiek idatzi? Bambulillo hola eta hola ito zen hondar artean?, eta beraiek defendatu gero albiste horren egiatasuna. “Ba, nik ez dut sinesten!”, esan nion nire buruari, eta nire proba eta azterketekin hasi nintzen. Gogoratzen zarete hondartzara joaten ginenean hondar gainean saltoka ibiltzen nintzela? Ba, noraino hondoratzen nintzen ikusteko zen. Eta zenbat hondoratzen nintzen? Ba, ezta zipitzik ere. Zakur bat ez da hori eta horrenbestez hondarretan hondoratzen. “Koadroari izen hori jarri zionak gezurra esan zuen!”, erabaki nuen egun batean.

Madrilera joan nintzen orduan. Nire aurreneko asmoa zen El Pradoko museoan sartu eta koadroari izena kentzea, hori da, koadroen azpialdean egoten den txartela ostea. “Hobe izenaren tokia hutsik uztea gezurra jartzea baino”, pentsatzen nuen. Baina museora sartu eta Goya pintorearen aretora iritsi nintzenean tximista batek jota bezala gelditu nintzen. Nire aurrean koadro beldurgarri bat neukan, Los fusilamientos del día 3 de mayo en la Moncloa. Bertan, soldadu batzuk jendea hiltzen ari ziren, bertatik bertara, fusilekin. Nire lehenengo erreakzioa atzera egitea izan zen, soldadu haiengandik ezkutatzea, baina gogo hari eutsiz, aretoan gelditzera behartu nuen nire burua.

Uneak geroago, Baratxuri Buruk erakutsitako koadroaren aurrean nengoen. Bambulillo hondarretan erdi hondoratuta, irakurri nuen. Instantera, bigarren tximista batek jo ninduen buruan, aurrenekoak baino biziago.

– Orain ulertzen dut! –egin nuen garrasi. Areto hartan zebilen jende guztia niri begira geratu zen–. Koadro honen izena gaizki dago! Kasu honetan, Historiak gezurra esaten du!

Bisitarietako bat inguratu zitzaidan, bera historiagilea zela esanez. Bizar txuri txit txuriko izakia zen, eta betaurreko dotore-dotoreak zeramatzan.

– Proba ezazu Historiak gezurra esaten duela, edo bestela epailearen aurrera eramango zaitut –esan zidan.

Bizar txuria eta betaurrekoak izateagatik edozein gauza esateko eskubidea zeukala iruditzen zitzaion nonbait. Tinko jarri nituen lau hankak lurrean. Alferrik zebilen historiagile hura ni ikaratzeko asmoa bazuen. Ni ez nintzen erraz ikaratzen zena. Areago, txakur lasaia nintzen, kontinenteko txakurrik lasaienetakoa.

– Badakizu zer gertatzen zaion Bambulillori? Badakizu zergatik dagoen ikaratuta? –esan nion historiagileari–. Ba beste koadro horretan erretratatuta dauden fusilamenduen lekuko izan zelako. Bai, jauna, Bambulillok ikusi egin zuen hilketa hori, eta horregatik ezkutatu zen hondarraren atzean. Beraz, koadroaren izena gaizki dago. Bambulillo izututa Moncloako fusilamenduekin, horra hor egiazko izena.

Historiagilea harro horietakoa zen, eta ez zidan arrazoi eman nahi izan.

– *Bambulillo izututa Moncloako fusilamenduekin*! Ja! Ja! Ja! –errepikatu zuen berak burlaka, bere betaurreko dotoreak kendu eta aiseago barre eginez.

Une horretan, hirugarren tximista batek jo zidan buruan.

– Historiagile gaiztoa! Gezurtia! Zakurrak aintzat hartzen ez dakizuna! –egin nuen zaunka, eta bere atzetik atera nintzen hortzak erakutsiz. Hozka egin nion? Ba, Goyaren aretoan jende gutxiago egon izan balitz, egingo nion. Baina aretoa lepo beteta zegoen, eta kosta egiten zen pertsekuzio bat ondo egitea. Horregatik aldegin zuen historiagileak; horregatik eta nire bila abiatu ziren zaindariengatik. Izan ere, zaindariak historiagilearen alde atera ziren, eta preso hartu nahi izan ninduten. Baina ez zuten ni harrapatzea lortu. Arestian esan dudan bezala, museo bete-bete hartan kosta egiten zen pertsekuzio on bat egitea.

Museotik atera eta paseatzen hasi nintzen, pentsakor, hausnarkor, dudakor, keinukor. Bambulo *Alterator* ematen nuen une hartan. Eta egon ere, halaxe nengoen, *alterator*, nire onetik aterata. Oso garbi neukan egin beharrekoa: bai, koadroaren txartela aldatu beharra zegoen. *Bambulillo hondarretan erdi hondoratuta* faltsuaren ordez, *Bambulillo izututa Moncloako fusilamenduekin* benetakoa jarri beharra zegoen. Baina, nola? Txartel berria lortzea ez zitzaidan zaila iruditzen, Madrileko alderdi hartan halakoak egiten zituen liburudenda asko baitzeuden; baina, museoan sartu eta aldaketa burutzeak lan zailagoa zirudien.

Soluzioa, askotan gertatzen den bezala, gutxien uste nuenean bururatu zitzaidan, Plaza del Sol inguruko kale batetik nindoala. Kale hori dendaz beteta dago, eta, oinezkoentzat bakarrik denez, artista mota asko izaten da bertan txanpon batzuk atera nahian. Batzuek kantatu edo magia egiten dute; beste batzuk, berriz, eskulturak balira bezala egoten dira minutu eta minutuetan, batere mugitu gabe, begirik kliskatu gabe. Ba, azken artista horietako bat ikustearekin batera sentitu nuen tximista buruan; laugarrena, Madrilen nengoenetik. "Horrelaxe lortuko dut txartela aldatzea!", esan nion neure buruari. Gogoan baineukan museoaren pasilu nahiko huts bat, dena eskultura

eta eskultura-oinarriz betea. Bai, ni ere eskultura bihurtuko nintzen.

– Zer gertatzen zaizu? Mareatu egin al zara? –galdetu zidan bapatean mugitzen ez zen artista hark.

– Ez, ez da ezer. Zu ikustean tximista batek jota bezala sentitu naizela, ez da besterik –erantzun nion.

– Mila esker –esan zidan berak harrizkoa bezala bergelditu z.

Arratsalde hartan bertan, ixteko ordua baino piska bat lehentxoago, museora sartu eta gogoan neukan pasilurantz zuzendu nituen pausoak. Bai, hantxe zeuden eskulturak eta eskultura oinarriak. Pentsamendu, hausnarketa eta dudak alde batera utziz, plana betetzeari ekin nion. Bai, oinarri haietako batera igo behar nuen, eta eskultura baten tankera guztia hartu.

Begiratu nuen alde batera eta bestera: ez, pasiluan ez zegoen inor. Jende guzti-guztia Velazquez eta Goyaren aretoetan pilatzen zen. Jauzi bat, eta hantxe nengoen ni, Erromako bi senatoreren artean. Berak marmorezkoak zirela eta ni ez, hortxe zegoen desberdintasuna. Horretan eta nik lepoan neraman txartelean. *Bambulillo izututa Moncloako fusilamenduekin*, jartzen zuen txartel hartan. Bai, horixe baietz, laster egongo zen txartel hura behar zuen lekuan.

Pittinka-pittinka museoko zarata eta marmarrak ixilduz joan ziren, eta argiak ere, nolabait esateko, ixildu egin ziren, itzali alegia. "Hau duk lasaitasuna, hau", pentsatu nuen posturaz aldatuz. Ez baitzen inor azaltzen ni nengoen pasilu zoko hartan, eta gustura baino gusturago bainengoen senatore erromatar haiekin. Baina, badakizue, kontinenteko zakurrik baikorrenetakoa naiz, eta orduan ere baikor nenbilen, baikorregi.

Pasilu zokoan bi zaindari azaldu ziren, eta nire pare-parean gelditzuz zigarro bana piztu eta kontu kontari hasi ziren.

– Noiz etorri behar dute horien bila? –esan zion zaindari batek besteari burua gure aldera, eskulturen aldera alegia, jiratuz.

Bere zigarroaren keak kilimakiak egin zizkidan sudurrean eta miz-miz egin behar izan nuen. Zaindari haiek ikusteko moduan? Ez horixe! Urte asko daramatzat sudurrarekin miz-miz egiten, eta nahi bezala kontrolatzen dut mugimendu hori.

– Ba, hemendik gutxira, nik uste –erantzun zion bigarren zaindariak pasilu zoko hartako ke kopurua handituz.

"Azkenean eztula egin beharko dut", pentsatu nuen, kilimakiak eztarrian sentitzen bainituen orain. Baina, ez, ez nuen halakorik egin, nire kontrola erabatekoa baitzen une hartan. Benetako eskultura bezala sentitzen nintzen. Bambulo Marmolo baten itxura neukan.

– Ba, azkar etortzea nahi nuke. Nire ordutan afaltzea gustatzen zait –esan zuen lehenak.

Berriro ere guregana begira zegoen, kea botaz. Eztarriko azkurea aregotu egin zitzaidan. Zenbat denbora iraun ahal izango nuen Bambulo *Marmolo* bezala? Ez nekien.

– Harrigarria da. Benetakoak ematen dute –esan zuen bapatean bigarren zaindariak.

– Zer? –galdetu zion lehenak.

– Eskultura hauek benetakoak ematen dutela –erantzun zuen bigarrenak niregana hurbilduz–. Batez ere zakur honek. Bene-benetakoa ematen du. Nork esan, 2000 urte inguru dituela!

Bi zaindariak begira-begira gelditu zitzaizkidan. Bere zigarroaren kea sudur zuloetatik eztarriraino jaisten zitzaidan.

– Zera esango dute, gero! Lehengoak baino gehiago garela. Baina nik uste dut ez dugula batere aurreratu. Gaurko artista batek egingo al luke horrelako zakur bat, hain errealista, hain...

Esaldia nola bukatu pentsatzen zuen bitartean, zaindariak bere zigarroari tira zion, gero, segidan, kea nire aurpegira botatzeko. Bambulo *Itoto* bihurtu nintzen orduan, eta sudurra miz-miz hasi zitzaidan. Doministiku egiteko zorian nengoen.

– Gaurko artista batek horrelako zakur bat egin? –hotsegin zuen bigarren zaindariak irribarre burlati batekin–. Ezta pentsatu ere! Begiraiozu, begiraiozu ondo. Zer espresioa daukan! Doministiku egiteko zorian dagoela ematen du!

Suerte handiko txakurra naiz, eta suerte horrek salbatu ninduen. Doministiku egin eta nabarmendu baino lehen, lehentxoago, museoko atea jo zuten, eta bi zaindariak eskaileretan behera abiatu ziren zalapartan. Aukera nireganatuz, Bambulo *Marmolo* izateari utzi eta Goyaren aretorantz linburtu nintzen... Badakit zer esango duen Jonek hau irakurtzean: "Nola lortu zuen aretora iristea den-dena ilun zegoela? Baratxuri Buru aurkitu genuenean ez zen hain trebe ibili". Ai, Jon! Kontatuko banizu! Liburu zahar hura ikusi eta gero, beste Bambulo bat naiz. Bambulo *Bigarrena* naizela esango nuke. Nire arbaso handien mailan egon nahi dut, eta ez diot ezertxori ikararik. Ezta iluntasunari ere. Bestalde, museoa ez zegoen hain ilun, argi batzuk piztuta zeuden eta.

Iritsi nintzen aretora eta lanari ekin nion. Primeran aritu nintzen lanean, lasai, serenitate handiz, ez mantso eta ez azkar, eta txartel aldaketa burutua gelditu zen. Arnasa hartu nuen poz-pozik, koadroaren izena zentzuzkoa baitzen orain: *Bambulillo izututa Moncloako fusilamenduekin.* Lehengoa,

*Bambulillo hondarretan erdi hondoratuta*, nire hortzekin txikitu nuen. “Etor dadila orain historiagile harro hura niri burla egitera!”, pentsatu nuen. Eta orduantxe, une hartan bertan, bosgarren tximistaren kolpea sentitu nuen buruan. Baina, zer ikusten zuten nire begiek?

Goyaren aretoko sarreratik nire lagunak ikusten ziren, senatore erromatarrak alegia, eta hor non haietako bat aidean hartzen ari ziren sei edo zazpi izakiren artean. Niri kea botatzen aritutako zaindariak bereizi nituen taldean, eta haien ondoan, aginduak emanez eta ekintza zuzenduz, niri burla egindako historiagile bizar txuri eta betaurrekoduna! Baina zertan ari ziren? Eta batez ere, zer egiten zuen historiagileak leku hartan, museoa itxi eta gero?

– Ja, Ja, Ja! –egin zuen barre izaki higuingarri hark erantzun modura, eta bere algara hura Velazquezen eta Goyaren aretotan hazi eta hazi egin zen. Koadroetako errege eta antzeko izaki aspertu guztiek algara hura berea egiten zutela ematen zuen, burla egiten zidatela beraiek ere. Gertatzen ari zena konprenitu nuen kolpetik. “Lapur nazkanteak!”, pentsatu nuen ahalik eta modurik ozenenean.

– Utzi senatore horiek bakean! –egin nien oihu beraienganа hurbilduz.

Historiagileak, niri begiratu eta bere barre hura atera zuen barrutik:

– Ja! Ja! Ja!

Itxura batera, oso pozik zegoen. Lapurreta harekin aterako zituen irabaziak zeuzkan gogoan, ziurrenik ere.

– Senatore erromatar horiek senidetzat dauzkat, eta zeuden tokian uztea nahi nuke. Lapurreta kontuak ahaztu eta afaltzera joaten bazarete, hemen ez da ezer pasa. Ez dizuet ezer egingo. Ez zaituztet kartzelara eramango.

Historiagile bizar zuriak betaurrekoak kendu eta painelu bat atera zuen. Barrez lehertzen ari zen, eta barrearekin batera sortzen zitzaizkion malkoak xurgatzen zituen.

– Ja! Ja! Ja! –egiten zuen behin eta berriro.

Seigarren tximista iritsi zen nire burura, eta zaunka hasi nintzen ahalik eta indarrik handienarekin. Eta zer buila sortu nuen! Nire zaunkak hazi eta hazi egiten ziren Velazquezen eta Goyaren aretotan. Koadroetako errege eta antzeko izaki aspertu guztiak ere zaunka ari zirela zirudien. Handik gutxira, senatore erromatarrak eraman nahi zituzten lapur haiek erotuta zeuden.

– Ixil dezala norbaitek zakur hori! –erregutzen zuten denek. Esatea errazagoa zen, hala ere. Nire zaunkak museo guztiko aretoetan biderkatzen ziren.

Bapatean, Adan eta Eva erretratatuta zeuden koadro baten aurretik pasatzean, historiagilearekin egokitu nintzen. Bere ezpainetan ez zegoen barrerik. Jo egin nahi ninduen. Lehentxoago Ja eta orain Jo. Baina ez nion aukerarik eman. Hortzak estutu eta beragana joan nintzen zuzenean. Bambulo Borroko ematen nuen une hartan.

Ez dizuet areago zehaztuko gau hartakoa. Zuek badakizue nolakoa naizen. Bizar txuriak merezitakoa jaso zuela esatearekin, esana dago dena.

Ba, bai, lagunak, horrelaxe zapuztu nuen senatore erromatar haien lapurreta, eta jende gehienak eskerrak eman zizkidan museoari egindako mesede harengatik. Orain, berriz, nire asmoa ikastea eta azterketa sakonak egitea da. Historiari buruzkoak, esan nahi dut. Izan ere, oso konfiantza gutxi daukat historiagileengan. Bambulillorekin nahastu ziren bezala, beste milarekin ere nahastu egingo dira. Beraz, hemendik aurrera Bambulo bakarrik deitu beharrean Bambulo Investigator deitzen badidazue, niretzat eta denontzat hobe.

Ba, bai, horrelaxe nabil, nahiko ondo. Gainera, ospe pittin bat ere hartu dut, eta hori ere oso atsegina da. Ez dut esan nahi jendeak kalean ezagutzen nauenik, baizik eta egunkari batekoek elkarrizketa egin didatela orain dela gutxi. Eta zuek, zer moduz? Ainhoa, zaindu etxeko denak. Goraintziak Baratxuri Bururi. Hurrengorarte.

Bihotzez,

BAMBULO *INVESTIGATOR*

Bambuloren gutuna Ariadna eta beste izaki edo elementuen etxera heldu zenean, den-denak harrituta gelditu ziren. Konturatzen ziren ondo beraien txakurrak etxez kanpo emandako aldaketaz, baina ez zuten gertatutakoaren arrazoi sakona sumatzen. Eta Baratxuri Bururi kontatu ziotenean ere, auzia ez zen asko argitu. Baina, zergatik, zergatik, zergatik? Zergatik aldegin etxetik? Zergatik hainbeste tximista buruan? Zergatik hainbeste kezka historia eta historiagileen okerrak zirela eta?

Guztiarekin, onarpen kontua zen, ez jakite kontua. Kosta egiten zitzaien Bambulo berak aitortutakoa onartzea eta aldaketaren arrazoia, arrazoien arrazoia, liburutegiko liburu zahar hura zela; liburu zahar hartan ezagututako Bambulegi,

Bambulsson eta, batez ere, Bambulilloren kasuak zeudela Bambulo berriaren oinarrian. Hori bai: hiru arbaso haien eraginez sortutako hazia goraka joana zegoela, zuhaitz eginda zegoela, baso bihurtzeko zorian zegoela.

Baina nik aise ikusten dudana —idazkari eta baratza zale naizelako, aitortu dut lehenago—, Bamburoren etxeko izaki edo elementuek ez zuten ikusten, eta eztabaidaka ibili ziren bolada batean, batez ere Jonengatik; Jonek ez zuelako Bambulok kontatutakoaren erdiaren erdia ere sinesten.

– Ba nik uste Bambulok egia esaten duela eta meritu handia daukala, gainera –zioen Ariadnak.

– Gora Mamulo! –hotsegiten zuen Ainhoak.

– Gezurra esaten du –eusten zion Jonek.

– Izan liteke egia eta izan liteke gezurra –argudiatzen zuen Baratxuri Buruk diplomatikoki.

Hala ere, eztabaida haiek ez ziren asko luzatu. Liburutegira joan ziren larunbat batean bukatu ziren. Egun hartan, Jonek —aspertuta, noski, denei aurre egin beharraz— orrialde idatzi bat eraman zuen Baratxuri Bururen sukaldera. Bere eskolako ordenagailutik ateratakoa zela esan zien.

– Orain jakingo duzue egia –esan zien orrialde bat erakutsiz.

Orrialdean egunkari-albiste bat zetorren kopiatuta, oso albiste argigarria. Irakur dezagun dokumentua. Bide batez, nola ez, horixe baietz, mila esker Joni eman didan laguntzagatik.

Jonek aurkitutako egunkari-albistea
J/ E/ 1 Dokumentua.

El Prado museoan gordetako zakur batek hozka egin zion atzo gauean historiagile bati. Antza denez, Meridako museo erromatarrera eraman beharreko eskultura batzuen garraioa prestatzen ari ziren historiagilea eta beste zenbait enplegatu, zakurra zaunka hasi eta oso agresiboa jarri zenean. Txakurrak aldegitea lortu zuen.

Jonek bere dokumentua erakutsi eta hurrengo egunetan egoerak onera eta txarrera egin zuen aldi berean. Onera, izaki guztien artean bakea egin zelako; txarrera, den-denak tristetu egin zirelako. Bai, Ainhoa, Ariadna, Maria bera, oso triste jarri ziren Bambulok egindakoagatik. Bambulo gezurti bihurturik! Bambulo historiagile ondratuei hozka egiten! Jonek esaten zien ez zela hainbesterako, Bambulok beti eduki zuela gezur ttikiak esateko joera, baina alferrik. Bere aurka hasten ziren denak, museoko istilua berak antolatu izan balu bezala.

Beti bezala, denborak aurrera egin zuen, eta asteartea astelehenari jarraitu zitzaion, asteazkena asteartheari, osteguna asteazkenari, ostirala ostegunari, larunbata ostiralari, igandea larunbatari, eta igandeari, berriro ere, astelehena jarraitu zitzaion. Eta hala zirudien, gurpilak modu hartan jarraituko zuela eternalki. Baina ez: aldi hartan ere Bambuloren beste arrasto bat azaldu zen Madrilen, eta arrasto haren bitartez egia jakin zuten bere etxeko izaki edo elementuek: den-dena ez zela gezurra, alegia; bere txakurraren gutunean bazela zuzen eta zehatz esandako gauzarik.

Arrasto hori Ariadnak harrapatu zuen. Ari zen arratsalde batean bere eskolako ordenagailuarekin jostatzen eta, bapatean, garrasika hasi zen: Bambulori egindako elkarrizketa ikusten zuen pantailan.

– Begira zer dagoen hemen! Begira! –esan zion Joni.

Eta bai, hantxe zegoen, hantxe zegoen Bambulok aipatutako elkarrizketa.

– Zer ondo! –esan zuen Jonek. Bera ere poztu egiten zen. Egizalea zen, baina ez zion bere txakurrari kalterik egin nahi. Ez zion ospe txarra eman nahi.

Esan dut lehenago ere: nik txukundu, kopiatu, aztertu, zuzendu, antolatu eta argitaratzeko prest utzitako dokumentuen artean, hiru zirela princeps, lehen-lehen mailakoak. Irakurri ditugu dagoeneko aurreneko biak, Bambuloren gutuna eta egunkari albistea; irakur dezagun orain kazetari batek gure zakurrari egindako elkarrizketa, bere bizitzan egin zioten estrainekoa. Geroago etorriko zitzaion osperantz egindako lehen urratsa. Eta bide batez, beti bezala, mila esker Ariadnari dokumentu hau eskura jartzeagatik. Zer izango ginateke idazkariok zu bezalako izakien laguntzarik gabe? Ba, ezer gutxi, edo ezer t´erdi.

Bambulori Madrilen egindako elkarrizketa
B/ELK/1 dokumentua.

## ASTE HONETAKO PERTSONAIA: BAMBULO

Bilbokoa dela eta Madrileko kaleetan banbuleatzen dabilela esaten du berak, eta ez dio batere garrantzirik ematen El Pradoko museoan gertatutakoari.

– Egia da historiagileari hozka egin niola, baina nire asmo onenarekin izan zen. Lapurrak zirela uste nuen. Eta gainera, senatore erromatar haiek eraman nahi zituzten. Nire lagunak! –argudiatzen du.

– Baina, historiagile hori orain ezin da eseri, Bambulo –esaten diot.

– Egia. Baina, nire ustez, etzanda hobeto egoten da eserita baino. Ba al dakizu zer esan zuen behin Errusiako gizonik zaharrenak, 120 urte dituen horrek?

– Ba, ez, Bambulo. Ez dakit.

– Ba, hainbeste urte bizi izanaren arrazoia galdetu zioten, eta halaxe esan zuen berak: “eserita egotea daukadanean ez naiz zutik egoten, eta etzanda egotea daukadanean ez naiz eserita egoten. Hori da luze bizitzeko sekretua. Ahal den guztietan modurik erosoenean eduki gorputza”. Beraz, historiagile horrek ez luke hainbeste kexatu behar. Niri esker, etzanda pasatzen du orain eguna, eta bere bizitza luzatzen ari da.

– Nolanahi ere, Bambulo, hozka hori historiagile bati egitea eta ez, demagun, kazetari bati...

– Kazetariak oso jatorrak zarete.

– Mila esker, Bambulo, baina nik zera esan nahi nuen, zuri ez zaizkizula historiagileak sobera gustatzen. Niri kontatu didatena egia bada, batere konfiantzarik ez diezu. Eta, hain zuzen ere, horregatik zeunden El Pradoko museoan gauez, historiagileek esandako gauza bat zuzendu nahi zenuelako.

– Harrituta nago. Nola dakizu horrenbeste? Zerbitzu Sekretukoa al zara?

– Zer uste duzu, Bambulo? Kazetariok informatu egiten gara. Erantzun egidazu, mesedez. Zer egiten zenuen zuk El Pradoko museoan?

– Ba, izena aldatu nahi nion Goya pintore handiaren koadro bati. Koadro horretan, ez dakit hau ere kontatu dizuten, nire arbaso bat azaltzen da, Bambulillo, eta historiagileei sinestuz gero Bambulillo hori hondarretan erdi hondoratuta dago, hondarretan itotzeko zorian. Ba, jarri nintzen pentsatzen, eta hori ezinezkoa zela iruditu zitzaidan. Gezurra zela, alegia.

– Eta zure inbestigazio edo ikerketekin hasi zinen, ez da hala Bambulo?

– Benetan, harrigarria da zenbat informazio daukazun nitaz... ba, bai, halaxe izan zen. Eta, azkenean, tximistak jo ninduen. Goyak pintatutako fusilamenduen koadroa ikustean gertatu zen hori. ?Badakit zerekin ikaratu zen Bambulillo?, esan nion neure buruari. Fusilen tiro hotsarekin ikaratu zela, alegia, zeren, zuk badakizu, horixe badakizula, nola ez duzu jakingo ba, badakizu zakurroi, daukagun belarri finagatik, tiro hotsak ikaragarrizko...

– Estresa, noski.

– Hori da, estresa. Estresa edo deserosotasuna sortzen digute tiroek. Baina beste gauza batzuk ere jakin nituen nire ikerketan. Zakurrok ez garela hondarretan hondoratzen, esate baterako. Eta gero, kolorearena zegoen, Bambulilloren koadroa eta fusilamenduena kolore horikoak dira, edo hori asko dute behintzat. Beraz, koadroaren izenak *Bambulillo izututa Moncloako fusilamenduekin* izan behar zuela erabaki nuen, eta ez *Bambulillo hondarretan erdi hondoratuta* izen tontoxko hori!

– Baina museoko zuzendariek ez dirudi zuk bezala pentsatzen dutenik, Bambulo. Zuk aldatu egin zenuen txartela eta izen berri hori eman koadroari, baina, jakin dudanez, txartel hori kendu egin du museoko zuzendaritzak, eta lehengoa jarri.

– Lehengoa-lehengoa ez, hortzekin txikitu nuen eta.

– Lehengoaren berdina, esan nahi nuen.

– Ba, zuzendari horiek okertuta daude. Baina hor konpon! Museoaren prestijioa kolokan jarri nahi badute, hor konpon!

– Nolanahi ere, zuk historiagileei egiten diezun kritika areago doa. Ez da Goyaren koadro horren izenari buruzkoa bakarrik. Kontatu didatenez, oso gaizki iruditzen zaizu Madrileko plaza ospetsu batean egin zena. Colon plaza daukat gogoan...

– Hori ere badakizu? Harrigarria da, benetan harrigarria. Ezin dut sumatu nola lortzen duzuen horrelako informazio ona.

– Kazetariok ere gure miaketak egiten ditugu, Bambulo. Baina, esaidazu, zer duzu zuk Colon plazaren aurka?

– Plazaren aurka ezer ere ez. Uste dut dagoen tokian ondo dagoela. Baina bertako monumentuak egin zituztenen aurka, asko. Izan ere, ez dago hor Bambulegi nire arbasoaren ez eskulturarik ez aipamenik eta ez ezer. Eta horrek asko haserretzen nau, zeren, nire informazioaren arabera, Bambulegui izan zen Amerikako lurra ikusi zuen lehena. Baina, jakina, historiagileak ez daude zakur gizarajo bati begira. Historiagileek Cristobal Coloni bakarrik begiratzen diote. Eta hori lotsagarria da. Eta horregatik haserretzen naiz.

– Eta zer erabaki duzu, Bambulo? Zure arbaso Bambulegi horren eskultura zuk zerorrek jartzea?

– Ez! Alferrik litzateke! Eskultura hori segituan kenduko lukete! Eta historiagileei hozkaka ere ez dut jarraituko. Intelektualki egingo dut borroka!

– Intelektualki? Zer esan nahi duzu horrekin, Bambulo?

– Historiagile egingo naizela. Historiagile egin eta historia zuzentzen ahaleginduko naiz. Eta egon ziur! Nire historian zakurrek eta zakurrak bezalako baztertu guztiek bere lekua izango dute! Horixe baietz!

– Oso ideia ona, Bambulo! Eta zer, hasi al zara zure ikerketak egiten?

– Ba, bai. Antzinatea ari naiz aztertzen. Eta ziur zerbait aurkituko dudala. Txakur pila bat bizi izan zen Antzinatean, eta haien berririk ez dugu. Edo oso gutxi. Horrek esan nahi du beste historiagileek baztertu egin dituztela.

– Oso ondo, Bambulo. Eta, orain, bukatzeko, bi galderatxo egin nahi nizkizuke. Eta aurrenekoa zera da, Bambirekin inolako harremanik baduzun.

– Ikusi al nauzu behin ere saltoka eta saltoka? Ez, ezta? Orduan, zergatik galdera hori? Galdera maltzurra iruditzen zait benetan. Ez zara ba zu historiagile izango? Ez zara ba, kazetari faltsu bat izango? Zerbitzu Sekretukoa, esan nahi dut…

– Lasai, Bambulo, lasai. Ez haserretu nirekin. Benetako kazetaria naiz, eta hori erakusteko bigarren eta azken galde-

ra egingo dizut. Esaidazu, Bambulo, zer iruditzen zaizu Madril? Gustatzen al zaizu hiri hau?

– Bai, gustatzen zait, baina aldatu egin beharko luke ezkutua. Ezkutua gaizki dago. Ez dut esaten zuhaitzagatik, zeren zuhaitzak dotore egiten du, zuhaitzak ez du behin ere enbarazurik egiten, baina, hartza? Nori bururatu zitzaion hartza jartzea? Nik denbora mordo bat daramat Madrilen, eta ez dut hartz bakar bat ikusi. Zakurrak, berriz, pila bat. Beraz, zergatik ez aldatu ezkutua eta hartzaren ordez zakurra jarri? Hori da nik pentsatzen dudana.

– Ba, mila esker, Bambulo. Ea alkateak museoko zuzendariek baino jaramon gehiago egiten dizun. Suerte handia izan historiagile bezala. Hurrengo arte.

Elkarrizketa irakurri eta gero, Bambuloren etxeko izaki edo elementuak baretu egin ziren, baretu eta poztu. Zakur maitagarriak bere mania eta joerekin jarraitzen zuen, eta baita bere jenio bizi harekin ere, baina, zein ondo erantzuten zion kazetariari! Zer kemen erakusten zuen historiagileei bataila jotzeko bezperan! Larunbat hartan, Baratxuri Bururen txokoan kontu kontari ari zirela, egiaz jabetu ziren denak: bai, beste Bambulo baten aurrean zeuden orain. Aurrerantzean elkarrengandik urruti samar biziko ziren, tarte bat sortuko zen beraien eta zakurraren artean. Ez zuten, ordea, kexu egon behar. Eta ez zioten, are eta gutxiago, egoera berriari oztoporik jarri behar. Oraingo Bambulo hura —*Historiator, Investigator, Korrektor* — izaki edo elementu interesgarri eta aberatsa zen lehengo zakur sofazale eta makarroizalearen aldean.

– Idatziko al digu Mamulok? –galdetu zuen Ainhoak.

– Nik uste baietz. Bere ikerketen berri emango digu aldian behin –esan zion Ariadnak.

– Ni ez nintzateke hain ziur egongo –gaineratu zuen Jonek. Beti bezala, bera zen ezezkorrena.

– Ni Ariadnarekin nago –sartu zen Baratxuri Buru–. Bambulok idatzi egingo digula pentsatzen dut. Izan ere, hemendik aurrera irakurleak beharko ditu, fede oneko kritikariak, solaskideak, eta behar hori lagunek bete dezakete ondoen. Guk geuk, kasu honetan.

Denborak arrazoi eman zion Baratxuri Bururi, eta luze gabe eman ere. Bai, horixe baietz, Bambulok solaskideak behar zituen, irakurleak, lagunak: bere helburua lortzeko bidean bultzada bat emango zioten izaki edo elementuak.

Ainhoa izaten zen etxeko buzoian egunero begiratzen zuena, eta berak aurkitu zuen Bambulo berriaren lehen postala. Dokumentua —Ainhoari esker eskuratu dudana—, beste dokumentu batzuen iragarpena besterik ez zen. Irakur dezagun.

Bambulok idatzi eta bidalitako postala.
B/P/4 dokumentua.

Ainhoa, Ariadna, Jon, Maria, Pantxi, solaskide eta lagunak: laster iritsiko zaizue paketetxo bat nire Historia Bambulotarrari egin diodan hitzaurrearekin eta Salomon erregearen zakur jakintsuaz egin dudan azterketarekin. Irakurri mesedez eta esan iruditzen zaizuena. Badaezpada, ondo itxi gutunaren estalkia. Hainbat historiagile gaizto dabil munduan barrena, eta Zerbitzu Sekretukoak ere hor daude.

Bihotzez, BAMBULO *INVESTIGATOR*.

Postalaren etorrera ospatzen ari ziren postaria paketetxo batekin azaldu zenean. Bertan, Bambulok agindu bezala, Historia Bambulotarraren lehen orrialdeak zetozen. Ainhoa eta gainerako izaki edo elementuei ez zitzaien duda izpirik ere gelditu. Bai, beraiek izango ziren *Investigator* haren solaskide eta lagunak. Suerte handi bat beraientzat, eta baita niretzat ere, dokumentu gehienak toki berean bilduta egoteak izugarri laguntzen baitigu paper mordo bat txukundu, kopiatu, aztertu, zuzendu, antolatu eta argitaratzeko prest utzi behar ditugun idazkarioi.

Baina, ez dezadan luzeago hitzegin. Hitzegin dezatela dokumentuek. Irakurle: Hona hemen Bambuloren Historia Bambulotarraren hitzaurrea eta lehen atala, Salomon erregearen zakurrari zuzendua. Ikusi, irakurle, ikusi ondo Bambulok egindako lana! Zer heldutasuna! Zer zorroztasuna! Zer sakontasuna! Historiagile hutsa baino gehiago, historiagile t´erdi ematen du.

Bambuloren Historia Bambulotarra.
B/H/1 dokumentua. Hitzaurrea.

Gogoan daukat oraindik Bilboko liburutegira joan nintzen larunbat hura. Nork esango zidan orduan bisita horrek nire bizitza aldatuko zuela! Nork esango zidan handik aurrera nire oinak bide berri eta zoragarrietatik joango zirela! Inork ez, ezta Salomon jakintsuak ere! Ezta nik neronek ere! Nahiz eta kontinenteko zakurrik argienetakoa izan, ez nuen sumatu gerora etorriko zena. Esate baterako, Baratxuri Buruk nire

familiaren liburua erakutsi zidanean, eta liburu haren azalean bere titulua irakurri nuenean —*Bambulotar handien ekintza handiak*—, astindu bat sentitu nuen bihotzean, eta hotzikara bat ere bai belarrietatik isats erpineraino; baina ez zitzaidan ikasten hasteko gogoa erne. Ikastea eta jakintsu bihurtzea Ariadna bezalako Izaki edo Elementuen kontua iruditzen zitzaidan, ez nirea. Bambulilloren historiarekin kezkatuta gelditu nintzen, hori bai, baina ez zen besterik izan.

Gogoa, ikasteko benetako gogoa, Madrilen nengoela etorri zitzaidan, igerileku baten ondoan etzan eta lo gelditu nintzen egun batean. Izan ere, ametsetan hasi nintzen, eta ametsetako batean Baratxuri Buru ikusi nuen eskuetan *Bambulotar handien ekintza handiak* liburua zuela.

– Zoritxarrez, liburu honetako orri gehienak hondatuta daude, eta ezin dira irakurri –zioen Baratxuri Buruk–. Bambulotar handien ekintza gehiago ezagutu nahi badituzue, ikerketan hasi beharko duzue.

– Ikerketan? Non? –galdetu zion Ariadnak.

– Ikertzaileak ez du mugarik ezagutzen –berriro Baratxuri Buruk–. Non dagoen, han hasten da bilaka. Zuen kasuan, nik jendeari galdetuko nioke. Seguru jendeari istorio Bambulotar asko gogoratzen zaizkiola.

Ametsetan hitz horiek entzun eta esnatu egin nintzen. Izerditan, esnatu ere. Hondatutako liburuaren orriak berriro osatzea nahitaezkoa zela pentsatu nuen, eta lan hori lehenbailehen egin behar zela. Ideia hori buruan, eguzkitan jarrita zeuden lau Izaki edo Elementurengana hurbildu eta nire galdera luzatu nien:

– Bambulo izenak, ematen al dizue zerbait aditzera?

– Oker ez banago, Lombardiako printzesa politak lehengo astean ezagutu zuen gizon dotorearen izena da –erantzun zidan Izaki edo Elementu batek.

– Bai zera! –gaineratu zuen bigarren Izaki edo Elementu batek–. Milanen jokatu zuen aurrelari baten izena da Bambulo.

– Ez jauna! –ukatu zuen jarraian hirugarrenak –. Telebistan askotan jotzen duen talde baten izena da. *Bambulo Bad Boys*, horixe da izen osoa!

– Horiek denak txorakeriak dira! –bukatu zuen laugarrenak–. Bambulo Bambi politaren familiako izaki bat da. Zinez, bere izena ez da Bambulo, baizik eta Bambilo!

Erantzun haiekin izututa, galdezka ibili nintzen han eta hemen, igerilekuan bertan eta igerilekutik kanpo, baina aurreneko Izaki edo Elementu haiekin bezala gertatu zitzaidan gainerako guzti-guztiekin ere: inork ez zekien ezer, ez zuen inork Bambulotar handien ekintza handien berririk. Kezkatuta ezezik, erabat penatuta joan nintzen etxera.

Gau hartan, bigarren ametsa eduki nuen. Bertan, mundua azaldu zitzaidan, mundu oso-osoa bere itsaso, ibai, soro, hiri, herri eta igerileku ugariekin. Baina mundu hura, nahiz hainbeste gauza eduki, hotza eta goibela zen. Zergatik? Ba, beltz-beltz zegoelako. Beltz zeuden itsaso eta ibaiak, beltz lurreko soro, hiri eta herriak, beltz baita ere igerilekuetako izozkiak. Belztasun hura zer ote zen galdetu nion neure buruari. Eta bai azkar asmatu ere: Ezjakintasuna zen. Ezjakintasunak bihurtzen zuen mundua zatar, baldar eta higuingarri.

– Libra dezadan mundua egoera tamalgarri horretatik! –esan nion neure buruari bapatean esnatuz–. Borroka dezadan belztasunaren aurka!

Adiorik esan gabe partitu nintzen liburutegi eta liburudendaz betetako auzo batera. Ez nuen oporrik nahi, ezinezkoa zitzaidan igerileku baten ondoan etzanda jarraitzea Ezjakintasunak mundua itotzen zuela sentituz. Liburutegira iritsi orduko, apaletan begiratzen hasi, eta aztertzeari ekin nion. Hala, irakurri eta aztertu, aztertu eta ikasi, ikasi eta idatzi, Bambulotar handien ekintza handiak jasotzeari ekin nion. Eta oraindik ere lan horretan dihardut. Noiz bukatuko dudan? Ba, ez dago jakiterik, zeren ekintza Bambulotarrak, historian barrena, kontaezinak izan baitira.

– Kontaezinak? –esango du Jonek edo beste norbaitek aurreko lerroa irakurri eta gero–. Zer esan nahi duzu? Bambulotarrok leku guztietan egon zaretela? Zuen arrastoa historiaren gain eta azpi guztietan azaltzen dela? Tarteko izan zaretela beti?

– Beti-beti, ez –erantzungo nioke nik Joni edo Jonen antzeko galderagileari–. Horrenbeste esatea harrokeria litzateke, eta niri ez zaizkit harrokeriak gustatzen. Azken batean, kontinenteko zakurrik apalenetakoa naiz ni.

– Orduan, zer esaten didazu? –ekingo lioke Jonek edo Jonen antzekoak.

– Ba, Bambulotarrok ez dugula eskua munduko ekintza handi guztietan sartu. Egiptoko piramideak, esate baterako, nire arbasoen laguntzarik gabe egin ziren. Eta gauza bera esan dezaket zenbakiei buruz: bat, bi, hiru eta gainerako zenbaki guztiak arabeek asmatu zituzten, den-denak beraiek, gure laguntzarik gabe. Pentsa zenbat zenbaki diren, eta hala ere guk, ezta usaindu ere! Zentzu berean, Shakespeare handiaren obretan ez dago gurea den koma edo punturik.

Hainbeste koma eta hainbeste puntu, eta guk ezer ere ez. Jakina, Shakespeare katuzalea izan ez balitz...

– Lasaitu egiten nauzu, asko lasaitzen nauzu –moztuko lidake Jonek edo Jonen antzekoak nire hitz apalak entzun ondoren–. Ekintza Bambulotarrak kontaezinak direla esan duzunean beste zerbait pentsatu dut. Nolanahi ere, beste galdera bat egin nahi dizut orain: non aurkitu duzu antzinako Bambulotarraren arrastoa?

– Begira, lagun –esango nioke nik Joni edo Jonen antzekoari –, azterketa luze bat daukat zain, eta ezin naiz zurekin hizketan gelditu. Ekintza Bambulotarren berri nahi baduzu, irakurri aldika-aldika argitaratuko ditudan liburuak. Han jabetuko zara guztiaz.

Horixe da Joni esango niokeena, eta horixe esaten dizut zuri ere, irakurle. Ezin naiz hitzaurre honekin luzatu. Lana daukat, lan asko. Jarraitu egin beharra daukat nire azterketekin. Ezjakintasuna jaun eta jabe da oraindik munduan. Beraz, agur esan beharrean nago: agur, ba, lagun! Bambulotarren kontuak jakin nahi badituzu, bizkortu begiak eta jarrai irakurtzen.

Bamburoren Historia Bambulotarra.
B/H/2 dokumentua.
Bambulias eta Salomon erregea.

Sarri askotan, historiagileak okertu egiten dira. Halaxe gertatu zitzaion Bibliako Salomon erregea aintzat hartu zuen izaki edo elementu anonimoari: ahaztu egin zuela haren zakurra aipatzea, eta horren ondorioz inork ez duela gaur egun bere berririk. Tamalgarria benetan.

– Baina, Markoni, zer axola dio horrek? –esango du norbaitek –. Historia aztertzen eta idazten duten izaki edo elementuek garrantzizkoa hartzen dute aintzat, eta zentzu horretan Salomon handiak Jerusalem hiriari eman zion edertasuna aipatzen dute, edota Israelen ezarri zuen bakea. Lorpen horien aldean, txakur edo katu kontuak huskeria dira. Normala ere bada ahaztea.

– Ez, ez eta ez! –erantzungo nioke nik norbait horri nire ezetza eskuarekin indartuz–. Zer esaten duzun ere ez dakizu! Niri ez konparatu Bambulias beste zakurrekin, eta are gutxiago katuekin!

– Bambulias? Eta nor da Bambulias?

– Nor nahi duzu izatea! *Salomon erregearen zakur jakintsua!*

– Salomon errege jakintsuaren zakurra, esan nahiko duzu.

– Ez! Esan nahi nuena esan dut! *Salomon erregearen zakur jakintsua!*

-Ba nik Salomon errege jakintsuaren zakurra esango nuke.

– Ba nik ez. *Nik Salomon erregearen zakur jakintsua*. Eta halaxe esango dut beti.

– Ez dut zurekin eztabaidatu nahi, Bambulo. Oso temosoa zara!

– Bai! Hala naiz! Kontinenteko zakur temosoenetakoa naiz!

Eztabaida hor bukatuko litzateke, baina jarraian, hoztuta ordurako eztabaidaren suak eta keak, nire ustearen oinarri sendoa azalduko nioke nire solaskideari. Beste hitzetan esanda, Bambuliasen aldeko probak emango nizkioke. Nola? Ba behin batean Salomon eta Bambuliasi gertatutakoa kontatuz. Honako pasadizo hau:

Behin batean, bi emakume etorri ziren erregearen jauregira ume jaioberri bat berarekin zutela. Barrura sartu, jarri Salomon eta Bambuliasen aurrean, eta hizketan hasi ziren.

– Zakur horrek egiten al du hozka? –galdetu zuen haietako batek Bambuliasi begira. Dirudienez, oso itxura beldurgarria zuen nire arbaso hark.

– Nik eskatzen badiot, bai. Bestela, ez –erantzun zuen Salomon erregeak–. Zaudete lasai eta adierazi niri zuen auzia. Zer gertatzen zaizue?

– Otoi, ene jauna! –hotsegin zuen ordu arte ixilik egondakoak–. Beste emakume hau eta biok etxe berean bizi gara, eta hau etxean zela haurra izan nuen nik. Ni haurraz erdi eta handik hiru egunetara, emakume honek ere haurra izan zuen. Biok batera geunden; ez zen beste inor gurekin etxean. Gau batez hil egin zen emakume honen semea, ohean hartu eta bere azpian ito zuelako. Gauerdian jaiki eta, ni lo nengoen bitartean, nire ondotik nire haurra hartu eta bere ondoan etzan zuen; bere seme hila, berriz, nire ondoan ezarri. Goizean, nire semeari bularra emateko jaiki nintzenean, hila zegoen. Eguna argitzean, ordea, begiratu nion ongi eta ikusi nuen ez zela nik izandako semea.

Beste emakumeak, aldiz, hau zioen:

– Ez! Nire semea dun bizi dena, eta hirea hildakoa!

Besteak, berriz:

– Ez! Hildakoa dun hirea; bizi dena, nirea!

Horrela hasi ziren ezbaian erregearen eta Bambuliasen aurrean.

Orduan, erregeak esan zuen:

– Beraz, batak dio berea dela bizi dena, eta bestearena hildakoa; besteak, berriz, alderantziz?

Pasadizoaren puntu honetan bereizi egiten dira Biblian idatzi zuen izaki edo elementuaren bertsioa eta nik —Bambulok, kontinenteko zakur argienetakoak— azterketa sakonen bitartez osatutakoa.

Biblian idatzi zuenak honelaxe kontatzen du bi emakume haien arteko auziaren amaiera:

Emakume bati begiratu, besteari begiratu, eta hau agindu zuen Salomon erregeak:

– Ekardazue ezpata!

Ekarri zioten ezpata erregeari eta erabaki hau eman zuen:

– Erdibi ezazue bizirik den haurra, eta emaiezue erdibana.

Orduan, haur biziaren amari hunkitu egin zitzaion barrua bere semearengatik eta esan zion erregeari:

– Otoi, ene jauna! Emaiozu horri haur bizia; baina ez hil inola ere.

Orduan erregeak esan zuen:

– Ez hil haurra. Emaiozue ez hiltzeko eskatu didan emakume honi. Bera da haurraren ama!

Honaino Bibliako izaki edo elementuaren bertsioa. Baina nik, azterketa sakonen arabera, gauzak modu desberdinean gertatu zirela jakin dut. Honela:

Emakume bati begiratu, besteari begiratu, eta hau agindu zuen Salomon erregeak:

– Zer egingo dugu, Bambulias?

Galdera entzun orduko, tximista batek akuilatuta bezala, Bambuliasek jauzi egin zuen haur biziarengana, eta hura astintzen hasi zen orroka eta lerdea zeriola. Jakina, itxura besterik ez zen, Bambuliasek ez baitzuen haurrari haginik sartzea pentsatzen, baina hain ondo egindakoa izan zen itxura hori non emakume haietako bat Bambuliasen gainera bota zen garrasika:

– Alde hemendik, zakurra! Ez minik egin haurrari!

Bitartean, beste emakumeak begiratu besterik ez zuen egin. Urrats bakar bat ere ez zuen eman umearengana.

Salomon erregeak ez zuen inolako dudarik egin: haurraren benetako ama garrasika eta borrokan hasitakoa zen, ez begira gelditutako lanbasa. Halaxe esan zion gero nire arbasoari:

– Eskerrak ideia hori izan duzun, Bambulias! Auzi honetan pittin bat galduta nenbilen.

Esan dut hasieran historiagileek okertu egiten direla. Eta normala izango da hori, ez dut esaten ezetz, baina normalagoa da noski guk, Bambulotarrak alegia, gure leinukoen izen ona zaintzea. Horregatik kontatu dut Bambuliasen bizitzako pasartea. Ezin nintzen besoak antxumatuta gelditu, tontoak bezala.

Eta hementxe bukatzen da nire Historia Bambulotarraren lehen atala. Hain gaizki ere ez da gelditu, nik uste.

## LIBURU HONETAN HAINBESTE LAN EGINDAKO IDAZKARIAK AZKEN OHARRA ZUZENTZEN DIO IRAKURLEARI.

Irakurle maitea: esaten dute arabeek, zenbakiak asmatu zituzten izaki edo elementuek, alferrikakoa dela ibaiaren ur guztia etxeko zahagian sartu nahi izatea. Gauza bera esan nezake nik Bambuloren lanari buruz: ez dela liburuki batean sartzen, gehiago behar direla. Baina ez zaitez larritu, irakurle, ez jarri alterator edo preocupator istorio horien jarraipena dela eta: hemen nago ni haren paperak txukundu, kopiatu, aztertu, zuzendu, antolatu eta argitaratzeko prest uzteko. Bai, idazkari honek lanean jarraituko du gogorki, eta Bambuloren liburu berriak kalean izango dira aurki.